Les violations des droits sexuels pendant les conflits en RDC

Joseph MUTOMBO WA BAYA

Les violations des droits sexuels pendant les conflits en RDC

PRÉFACE DE PIUS NGANDU NKASHAMA

L'Harmattan

5-7, rue de l'École-Polytechnique – 75005 Paris

www.editions-harmattan.fr

ISBN : 978-2-343-20981-4
EAN : 9782343209814

Dédicace

Cet ouvrage est dédié à toi mon grand frère prêtre, feu Abbe Dr Joachim Kadima Kadiangandu wa Kalonji. « Tu m'as encouragé à étudier à un haut niveau comme toi avant de disparaitre si jeune, à Bâton Rouge-Louisiana aux USA le 18 Septembre 2011. Je ne t'oublierai jamais ».

Remerciements

Je tiens à remercier tous ceux qui ont accompagné ma formation et mes études lors des moments critiques et moments heureux en Afrique du Sud. Vingt ans après l'obtention de mon diplôme de Licence en Relations Internationales à l'Université de Lubumbashi (RDC), j'ai une autre occasion d'étudier davantage et d'augmenter mes connaissances scientifiques.

Un cachet spécial est adressé à mon superviseur, la Professeure Julia Sloth-Nielsen pour ses conseils et commentaires précieux, malgré l'imperfection de ma connaissance de la langue anglaise, ainsi qu'aux autres professeurs et au personnel de la faculté de droit de l'Université de Western Cape (UWC), qui ont rendu ce programme réel et important.

Je suis très reconnaissant envers la fondation SANZAF pour son soutien financier qui m'a été accordé en vue de mieux réaliser ce programme de recherches à l'UWC durant ces deux années de Maitrise, sans lequel, cette thèse ne serait pas rendue possible. Je tiendrai ma promesse.

Un merci spécial à ma chère famille, ma charmante épouse Caroline Charlotte Ngoya et mes enfants Dorcas, Ruth, Teresa, Michael, Moïse et Roberta, qui ont accepté des sacrifices et privations, et ont encouragé mes études comme modèle familial pour eux.

Merci à vous tous d'avoir fait une différence.

LISTE DES ABRÉVIATIONS

AGNU : Assemblée Générale des Nations Unies
CADBE : Charte Africaine des Droits et du Bien-être de l'Enfant
CADHP : Charte Africaine des Droits de l'Homme et des Peuples
CDE : Convention sur les Droits de l'Enfant
CEDF : Comité sur l'Elimination de la Discrimination à l'égard des Femmes
CICR : Comité International de la Croix-Rouge
CPI : Cour Pénale Internationale
CPS : Cour Pénale Spéciale
CSNU : Conseil de Sécurité des Nations Unies
DIDH : Droit International des Droits de l'Homme
DIH : Droit International Humanitaire
DUDH : Déclaration Universelle des Droits de l'Homme
HCM : Haute Cour Militaire
LDH : Loi sur les Droits de l'Homme
LGBTI : Lesbiennes, Gays, Bisexuels, Transgenres et Intersexe
MONUSCO : Mission de l'Organisation des Nations Unies pour la Sécurité en RDC
MRM : Mécanisme de Surveillance et de Déclaration
PIDCP : Pacte International sur les Droits Civils et Politiques
RDC : République Démocratique du Congo
SGNU : Secrétaire Général des Nations Unies
TPIR : Tribunal Pénal International pour le Rwanda
TPS : Tribunal Pénal Spécial
VIH/SIDA : Virus de l'Immunodéficience Humaine /Syndrome Immunitaire de Déficience Acquise

LES AVATARS DE LA GUERRE

Préface par **Pius NGANDU Nkashama,**
Professeur

Les conflits armés redoublent d'intensité chaque jour davantage en République Démocratique du Congo depuis bientôt plus d'une vingtaine d'années. Ils soulèvent une vive indignation, et ils se transforment en des carnages d'une horreur redoutable. Des motivations rationnelles les alimentent. Elles paraissent souvent évidentes. Leurs causalités profondes décrivent les tournures qu'ils prennent au milieu des configurations tellement incontestables que la seule réaction sommaire se métamorphose en une désespérance hystérique.[1]

Une littérature abondante circule dans tous les organes de presse. Elle fournit des images grandiloquentes au travers des documents publiés largement dans le monde. Elle accrédite les thèses les plus délirantes, si elle ne souscrit pas aux épithètes péjoratives sur le compte du Peuple du Congo. Il semble superflu de les énumérer ici pour ne pas sombrer dans un fétichisme d'autoflagellation flagrante. Les diagrammes des caricaturistes écornent cependant des truismes en forme de pléonasmes dépréciatifs. Ils témoignent des sentiments contradictoires : de l'hostilité instinctive à la malveillance primitive.

Les vicissitudes des guerres successives accroissent ce type d'animosité, d'autant plus que les fondements de ces catastrophes proviennent d'une origine apparemment

---

[1] Le préfacier à cet ouvrage en a assuré la mise en page technique, jusqu'à la publication définitive.

périphérique, mais décidément cruciale pour la résolution des conflits : l'exploitation exponentielle des matières première. Les performances des adversaires réorganisent des tentacules dans une illégalité totale, jusqu'à envahir les prérogatives d'un État souverain, au détriment de ses intérêts immédiats.

Les controverses entretenues fréquemment ne permettent pas d'envisager une issue probable. Elles tirent leurs principes des inconséquences étalées par les répliques incohérentes de la bien nommée « Communautés Internationale ». Elles résonnent dans cet ouvrage avec des accents pathétiques, lorsqu'il s'agit de commenter les aspects les plus ignominieux des instances concernées. Des rencontres excellentes lors des Assemblées générales n'innovent même pas leurs méthodes d'investigation, au point de banaliser les perspectives néfastes qui accompagnent leurs recommandations vexatoires.

Des bataillons entiers des troupes des Nations-Unies parcourent tous les jours les galeries forestières dans les zones de Montagnes. Ils patrouillent sans arrêt dans les savanes les plus reculées. Leurs résolutions ambitieuses affirment l'efficacité virtuelle des interventions militaires, aussi bien pour la MONUSCO que pour les troupes régulières des « Forces Armés de la République Démocratique du Congo », sans que les objectifs assignés par les partenaires à leurs missions respectives ne produisent des résultats concrets. Les milices les plus hétéroclites continuent à tisser des toiles d'araignées pour tenir tête aux « Défenseurs de la Paix ». Elles déploient les stratégies les plus extravagantes, quelles que soient les pesanteurs des forces coercitives en présence. Leurs campagnes de « destructions massives » désorganisent les mécanismes mis en place et accumulent joyeusement les désastres subis par les populations agressées.[2]

Et l'horreur suprême qui s'ensuit : les viols perpétrés par les combattants de tous les groupes sur la scène des batailles. Soutenus par les corps constitués, du gouvernement légal aux officiers militaires de haut rang, les responsables des forces armées bousculent les hypothèses les plus judicieuses, les plus tendancieuses aussi. Les analystes se trouvent désarmés devant tant de monstruosités qui affichent en couleurs une arrogance excessive. L'échelon le plus élevé atteint les sommets de la criminalité lorsque celle-ci est érigée en mode d'existence jusqu'au vertige. Il s'appelle : l'impunité.

Les instances politiques ainsi que les responsables des juridictions militaires chargées de traiter ce type d'infractions de massacres et de viols atroces se trouvent soumis à des systèmes qui les enchaînent dans des réseaux inextricables. Ils ont déjà épuisé les répertoires de leurs combinaisons machiavéliques. La guerre devient ainsi une pourvoyeuse de victimes expiatoires.

Les chroniques des médias élaborent des procédures adroites parmi les plus séduisantes. Elles sont destinées à faire amorcer un début de résolution du phénomène. Apparemment sans beaucoup de mérite, puisque les fabricants des malentendus n'ont pas encore imaginé les

---

[2] En témoignage, cette dépêche des agences de presse sur les événements dans l'Ituri : « L'attaque s'est déroulée à 1h du matin à Djisa, chefferie de Bahama Nord, dans le territoire de Djugu. Une dizaine d'assaillants ont fait incursion dans cette agglomération et ont tué une vingtaine de personnes à la machette.
« Parmi les victimes, il y a notamment des enfants, des femmes et des personnes âgées. Dix-sept blessés ont été acheminés à l'hôpital de Drodro, une agglomération située à environ 70 km de Bunia, le chef-lieu de la province. L'armée s'est lancée à la recherche de ce groupe de miliciens » (5-18-2020).

miracles attendus. Les hypothèses alignées dans les colonnes des magazines ne parviennent pas à ériger leurs supputations en une doctrine cohérente, même la plus invraisemblable.

L'ouvrage présenté ici possède l'avantage de systématiser la problématique autour des axes principales qui déconstruisent les schémas des équivoques de langages avant d'échafauder des dissertations studieuses relatives à cette question. Il conduit cependant la démonstration selon un paradigme d'arguments organisés en une discussion élargie vers ses axiomes ultimes. Il part des situations concrètes sur le terrain des conflits armés, pour articuler une programmatique assujettie à des propositions concrètes. Ces préceptes convergent vers la création imminente d'un « Tribunal Spécial » qualifié pour mener des enquêtes significatives. Il envisage surtout d'appliquer les sanctions prononcées à l'endroit des criminels de tous bords pour leurs atteintes aux « Droits de l'Homme ».

L'auteur démontre une compétence singulière : il consulte les archives de l'Agence Nationale au sein des « Services de Sécurité » pendant de nombreuses années, celles-ci précisément pendant lesquels ces conflits avaient éclaté. Il dispose d'une capacité suffisante pour aborder correctement les méandres hétéroclites de ceux qui ont pris une part active aux actions le plus souvent incriminées. Il aménage le questionnement dans une logique qui correspond aux postulats du « Droit International » dont il maîtrise bien les coordonnées essentielles.

Il observe avec une attention minutieuse les paliers complexes du débat. Il insiste sur la part décisive des initiatives élaborées par les juridictions appropriées. Il compulse les chroniques des pouvoirs judiciaires par l'intermédiaire des organes appropriés, les tribunaux, les parquets, les institutions de justices. Il apporte des éléments caractéristiques qui impliquent les organismes internationaux, telle la « Cours Pénale » de La Haye, instituée justement dans la perspective de résoudre toutes ces complexités.

Des travaux ont été menés à propos des objectifs ainsi énoncés par des instances dont la compétence ne se discute pas. Ils ont fait l'objet des recherches assidues entreprises au sein de l'Université de Western Cape (South Africa) dans laquelle l'auteur a poursuivi ses études au niveau le plus élevé. Il a apporté aux meilleures publications une contribution significative qui témoigne d'une érudition conséquente.

Afin d'apporter un soutien logistique aux perspectives d'analyse, il s'est astreint à une exigence de méthode qui réclame la lucidité et la critique objective. Ce qui rend son analyse plus proéminente dans l'édification des nouveaux stratagèmes de la Paix.

Certes, des polémiques ultérieures viendront prolonger la discussion dans des domaines plus contraignants encore. Cependant, il demeure que l'étude présentée ici constitue un jalon important dans la prise en compte des thèses autour des « conflits armés ». Elle exorcise les démons de la malédiction souterraine. Elle jette l'anathème sur les conséquences dramatiques sous-jacentes en « République Démocratique du Congo », sans les parenthèses d'usage lucratif.

CHAPITRE PREMIER :

LE CONTEXTE DE L'ÉTUDE

1.1. INTRODUCTION

La République Démocratique du Congo (RDC) connaît des conflits armés depuis 20 ans. Ces luttes armées proviennent des rivalités internationales en raison de la participation directe des troupes étrangères du Rwanda, du Burundi et de l'Ouganda aux opérations militaires. Il convient de signaler aussi la présence embarrassante des colonnes rebelles congolaises qui livrent des batailles farouches contre les troupes militaires du gouvernement de la RDC.

Les affrontements en RDC déstabilisent l'ensemble des vastes étendues des Grands Lacs en Afrique centrale depuis longtemps. Cette Région est composée de la RDC, du Rwanda et du Burundi. Le pays est affecté particulièrement en sa partie Est, où il s'engage des violations endémiques des Droits de l'Homme : des massacres aveugles, le viol répété de femmes et de filles, l'exploitation et l'utilisation d'enfants en qualité de soldats.

Margot Wallström, la représentante spéciale du Secrétaire Général de l'ONU pour les violations sexuelles avait déclaré que la partie Est de la RDC est désignée comme la *« capitale mondiale des viols »,* avec plus de 200 000 cas enregistrés et beaucoup d'autres non enregistrés.[3]

Ces Droits de l'Homme sont souvent exposés par les ONG de défense des Droits de l'Homme en RDC, à l'intérieur comme à l'extérieur du pays. Ces Organisations ont appelé le Gouvernement Congolais et la Communauté

---

[3] *Agir contre les violations sexuelles en RDC*. Disponible à http://www.adequation.org, accessible le 13 juin 2016.

internationale à éradiquer toutes les violences sexuelles. Les auteurs de ces atteintes n'ont pas été traduits en justice. Les transgressions de ces Droits de l'Homme subies par la population de la RDC, en particulier la violence sexuelle, sont répandues dans la région.

Certaines études montrent que 23 pour cent de personnes interrogées avaient été témoins d'un acte de violation de droit sexuel, et 16 pour cent ont déclaré en avoir eu une expérience indélébile.[4] Non seulement les soldats ennemis, les milices, les membres des bandes armées et les pillards sont souvent auteurs des crimes, mais aussi les dignitaires qui étaient censés protéger les civils : les soldats de l'armée locale soutenus par les officiels de l'État Congolais, comme les policiers ou les gardes-frontières.[5]

En général, dans la sphère coutumière, les femmes et les filles qui ont subi des rapports sexuels en dehors du mariage sont toujours considérées comme des promiscuités, ou plus souvent comme des déchets de mœurs immorales. Les mères célibataires sont toujours incapables de faire légitimer leurs enfants sans se marier. Ainsi, la discussion sur la sexualité féminine invoque presque toujours le contexte déterminant du mariage et de la famille restreinte.[6]

À la lumière de plusieurs documents relatifs aux droits humains, les droits des enfants et des femmes doivent être

---

[4] Clifford L, Reichstadt P. et d'autres : '*Rapport spécial, Violence sexuelle en RDC'*. Le rapport de l'"Institut pour la Guerre et la Paix", Pays-Bas. Sous la direction de Tosh C. et Yigal C., 10-2008.

[5] Buchowska N, *Violées ou protégées. Droits des femmes dans les conflits armés après la Seconde Guerre mondiale* PDF. Article dans International Comparative Jurisprudence. Université Adam Mickiewcz, Pologne 2017. Disponible à www.elsevier.com/locate/icj, récupéré, janvier 2017, 3.

[6] Carol Smart, *Droit, crime et sexualité. Essais en féminisme,* Sage Publications, Thousand Oaks, Londres 1995, 55.

respectés. La présente étude est axée sur la question des violations des droits sexuels en RDC pendant les conflits. Elles mériteront une analyse intense parce que les femmes connaissent des niveaux élevés de violence sexuelle.

Il a été créé divers instruments juridiques de justice disponibles, susceptibles de faire condamner tous les auteurs des crimes. Il existe aussi des juridictions légales qui s'efforcent d'appliquer la loi et de rétablir la justice. Pourtant, la pratique de ces instruments juridiques n'est pas efficace pour des prétextes qui apparaissent progressivement, au fur et à mesure que les conséquences désastreuses se font ressentir. Ce travail permettra donc de comprendre les raisons de la non-application des instruments employés et de proposer une solution alternative.

1.2 LES CONFLITS DE LA RDC

Pour la plupart d'analystes, l'origine des troubles de la RDC s'explique comme étant due à deux situations de configurations belliqueuses : externes et internes.

1.2.1 L'origine extérieure

En avril 1994, le gouvernement extrémiste hutu du Rwanda avait orchestré le génocide d'environ 800 000 citoyens Tutsis et Hutus modérés. Lorsque les rebelles Tutsis avaient pris le contrôle du Rwanda, plus d'un million de Hutus, dont de nombreux responsables qui avaient dirigé le génocide se sont réfugiés dans les camps de l'autre côté de la frontière au Zaïre de cette époque (RDC).[7]

La RDC avait accueilli des millions de Rwandais sans discrimination. Cependant, les réfugiés Rwandais avaient commencé à s'entraîner au maniement des armes, avec

---

[7] « *RDC, Situations de conflits* », disponible à http://www.hrw.org, consulté le 5-5-2015.

l'intention maintes fois affirmée de reprendre leur pouvoir perdu au pays d'origine.

À cette époque, le Rwanda avait décidé d'envoyer plus de 20 000 soldats en RDC avec pour objectif ultime de traquer, de disperser et d'éliminer tous les Hutus Rwandais.[8] Le conflit armé en provenance du Rwanda s'est poursuivi en RDC, entre Tutsis et Hutus Rwandais, provoquant de nombreux massacres de congolais.

1.2.2 L'origine interne

En fait, l'origine interne avait été causée par certains facteurs externes. De Novembre 1996 à Mai 1997, les armées Rwandaise, Burundaise et Ougandaise, en soutien à un groupe rebelle anti-Mobutu, l'« Alliance des Forces Démocratiques pour la Libération du Congo » (AFDL), ont attaqué les camps des réfugiés Rwandais dans l'Est du Zaïre.

Ils se sont emparés de Kinshasa et ils ont évincé Mobutu. Laurent Kabila, le chef rebelle, s'est fait proclamer Président de la RDC. Cependant, selon la version officielle jamais confirmée, Laurent Désiré Kabila a été assassiné par son Garde du corps en Janvier 2001. Son fils indocile de 29 ans, Joseph Kabila, avait dirigé la mutinerie jusqu'à l'exécution odieuse de son prétendu Père, et il en avait confisqué les fonctions suprêmes.[9]

À l'Est de la RDC, des troupes rebelles affichaient comme stratagème de rendre cette zone incontrôlable et non gouvernable pour le gouvernement central. Certaines factions des Congolais ainsi que les hordes rebelles étrangères, ont comploté pour la vente des armes à feu, de l'ivoire, des animaux sauvages protégés dans les Parcs

---

[8] *L'est du Congo*. Disponible à https://www.cfr.org/eastern-congo, consulté le 3-2015.

[9] Voir 5.

naturels. Ils se disputaient aussi l'exploitation incontrôlée des ressources minières avant d'initier leur expédition au Rwanda ou en Ouganda.[10]

1.2.3 Les antagonistes dans les conflits

Les principaux groupes armés qui se battent dans les conflits en RDC sont détaillés ici, avec le besoin principal de savoir qui sont ces combattants, leur origine et leur organisation. Il existe en effet plusieurs types d'insurrections meurtrières :

1.2.3.1 Les troupes armées loyales congolaises

Les troupes loyales congolaises appelées *« Forces Armées de la République Démocratique du Congo »* (FARDC), constituent l'organisation de l'État congolais en charge de défendre le territoire national de la RDC.[11]

Les forces armées congolaises peuvent atteindre 144 000 jusqu'à 159 000 personnes. En outre, il faut compter une force présidentielle appelée la « Garde Républicaine ». Cependant, elle-même ainsi que la Police Nationale Congolaise (PNC), ne font pas partie des forces armées.[12]

L'armée congolaise commet des exactions sexuelles sur les femmes et les filles. Elle utilise les enfants en tant que soldats pour leurs tactiques de défense. Les forces militaires de l'État et les forces irrégulières non-étatiques, sont toutes responsables de nombreuses violations des droits humains dans le pays : les pires en l'espèce. Les officiers supérieurs des FARDC entravent souvent les

---

[10] *Projet de données sur les conflits armés, l'emplacement et l'événement*. Disponible à http://www.acleddata.com, consulté en février 2016.

[11] L'"Accord global et inclusif de la RDC" conclut en décembre 2002, à Sun City en Afrique du Sud.

[12] *Forces Armées de la RDC.* Disponible à https://www.africanworldwar.org, accessible le 19 mai 2017.

efforts de l'ONU pour superviser la libération des enfants soldats.[13]

1.2.3.2 Les groupes armés rebelles

La région de l'Est du Congo a été en proie à plusieurs groupes armés. Alors que les civils sont les premières victimes des conflits, les gouvernements Rwandais et Congolais s'accusent mutuellement de soutenir les milices rivales. [14] Parmi eux, certains groupes rebelles qui commettent des infractions sexuelles sont détaillés ici :

1.2.3.2.1 Le Groupe rebelle de M23

Ce groupe armé principal a été formé par d'anciens membres du « Congrès National Tutsi pour la Défense du Peuple » (CNDP), un ancien mouvement armé dirigé par Laurent Nkunda. Il tire son appellation d'un accord de paix signé le 23 Mars 2009 avec la complicité du gouvernement Congolais. Fondé en Avril 2012, la rébellion du M23 reçoit le soutien militaire du Rwanda et de l'Ouganda, alors que ces deux pays continuent de nier de telles accusations.[15] Les soi-disant « Banyamulenge » en constituaient l'ossature originale.

1.2.3.2.2 Les Forces Démocratiques pour la libération du Rwanda (FDLR)

La deuxième faction armée connue s'appelle le groupe rebelle Hutu Rwandais. Les miliciens prétendent défendre les Hutus réfugiés en République Démocratique Congo après le génocide rwandais de 1994. Mais un certain nombre de ses membres viennent de l'ancienne « Armée pour la Libération du Rwanda », qui avait participé aux

---

[13] *Armée de la RDC.* Disponible à https://www.globalsecurity.org, consulté le 23 juin 2015.

[14] *Les groupes armés dans l'Est du Congo, la catastrophe humanitaire.* Disponible à http://www.cfr.org, accessible 03/2016.

[15] RDC : *Qui sont les différents groupes rebelles en guerre* ? Disponible à https://www.france24.com, Accessible au 22/08/2012.

massacres des Tutsis. En occurrence, le Rwanda a toujours accusé la RDC de soutenir les FDLR.[16]

1.2.3.2.3 Les Milices Mai-Mai

Le troisième conglomérat armé est entièrement Congolais. Il est constitué pour un large éventail de groupes armés actifs dans les provinces du Nord et du Sud-Kivu. Ces milices ont été formées par des seigneurs des guerres locaux, des chefs tribaux, des chefs de villages ou des combattants politiquement motivés autant que les mouvements composites contre l'agression du Congo. Ils sont devenus particulièrement actifs lorsque les communautés ont organisé leur autoprotection contre la montée de la violence et le meurtre d'autres récidivistes ethniques.[17]

Les membres de ces bandes de tueurs tirent la dénomination *« Mayi-Mayi »* des assertions hasardeuses selon lesquelles en procédant à des pratiques fétichistes, ils deviennent invulnérables. Des rituels sanguinaires font transformer les rafales des mitrailleuses de leurs ennemis potentiels en des *« coulées de boue »* et en *« cascades d'eaux »*. Les tirs des fusils annihilent leur puissance destructrice pour se transformer en bordées de liquides pestilentiels, et devenir inopérants au contact de leurs corps immunisés.[18]

1.2.3.2.4 L'Armée rebelle du Seigneur (LRA)

L'"Armée rebelle du Seigneur" (LRA) a été fondée par Joseph Kony dans le nord de l'Ouganda. Elle avait pour objectif avoué d'établir une théocratie chrétienne basée sur les « Dix Commandements » de *La Bible*. L'insurrection

---

[16] Voir 13.
[17] Voir 13.
[18] Ces croyances étaient largement répandues avant les rébellions éphémères conduites par Pierre Mulele dans le Kwilu autour des années 1962-1963.

aurait recruté des dizaines de milliers d'enfants soldats et déplacé des centaines de milliers de civils qui fuyaient sa guérilla. La LRA est accusée d'avoir commis des abus sexuels et des atrocités sur les populations jusqu'à ce jour.[19]

1.2.3.2.5 Les Forces Patriotiques pour la Libération du Congo (FPLC)

La branche armée du parti politique de l'"Union des Patriotes Congolais" (UPC) a été accusée de nombreuses violations des Droits de l'Homme dans la riche province minière de l'Ituri. En 2006, le mouvement fut affaibli dans le Nord-Est du pays suite à l'arrestation de son leader Thomas Lubanga.[20]

1.2.3.2.6 Forces Démocratiques Alliées (ADF)

L'ADF, une force maigre mais puissante s'est enracinée dans les monts Ruwenzori à la frontière avec l'Ouganda. Elle est restée une menace incrustée à leur actif, avec une série de multiples attaques mortelles dans certains villages environnants. Ils ont également commis des atrocités et des violations des droits sexuels sur les personnes faibles.[21]

1.2.3.3 Les troupes armées étrangères

Malgré l'accord de paix de 2003 qui avait pour objectif de pacifier la partie Est du Congo, les combats ont continué entre les forces loyalistes et les groupes rebelles. Les troupes pro-Rwandaises des soi-disant « Banyamulenge » se sont affrontées avec les FDLR aussi bien qu'avec les forces Congolaises.[22]

Depuis cet accord, les pays antagonistes comme le Rwanda, le Burundi et l'Ouganda ont cessé de se battre directement contre les forces armées de la RDC, mais ils

---

[19] Voir 13.
[20] Voir 13.
[21] Voir 13.
[22] Voir 13.

ont continué à utiliser leurs comparses ou à combattre par le truchement des groupes armés rebelles. Ces derniers travaillent pour eux, reçoivent de l'argent, des armes et un soutien logistique avant de continuer à combattre et à maintenir une partie du pays ingouvernable par des allégeances douteuses.

1.2.3.4 La MONUSCO

L'ONU a créé une mission armée qui est chargée de consolider les bases fragiles de la paix en RDC. Elle a le devoir de se positionner entre les groupes armés et de protéger les populations Congolaises. Elle bénéficie d'un mandat spécifique de contre-insurrection. Elle dispose d'une « brigade d'intervention » composée des forces spéciales de plus de 21.000 soldats. La MONUSCO est la mission la plus importante et la plus durable de l'ONU à ce jour.[23]

Cependant, les rebelles continuent à tuer, à piller et à spolier les ressources naturelles au Congo en toute impunité. Aucune mesure efficace n'a été prise pour faire respecter les promesses réitérées d'exiger les responsabilités de chaque crime de guerre et crime contre l'humanité.[24]

Le mandat initial et prioritaire de la MONUSCO prône « la protection des civils » en éliminant les conflits armés. Ce qui signifie, protéger sans préjudice, assurer une intervention règlementaire aux femmes et aux enfants

---

[23] *La forte force de l'ONU, connue sous le nom de la MONUSCO.* Disponible à http://www.pamf.org/teen, accessible en octobre 2013.

[24] Le conflit en RDC. Disponible à www.worldwithoutgenocide.com/congo, accessible en 2013.

touchés par les conflits armés, et promouvoir les Droits de l'Homme.[25]

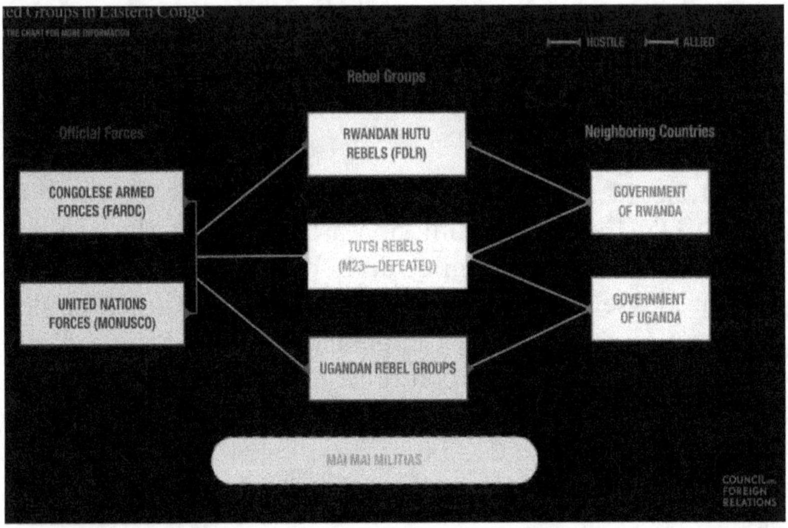

Le tableau proposé ci-dessus établit la collaboration qui existe entre les principaux groupes armés de l'Est de la RDC, ainsi que leurs pays d'origine.[26]

1.3 DÉLIMITATION DE L'ÉTUDE

La violence ne présuppose pas le moyen d'une extrémité supérieure en RDC, mais elle constitue l'expression d'une pourriture sociale, politique et historique plus profonde. Ici, la question préalable est de savoir comment la violence sexuelle devient systématique et normale. Comment une région peut-elle engendrer une

---

[25] Elsa Buchanan, *RDC, qu'est-ce que la MONUSCO et quel rôle joue-t-elle avant les élections ?* Disponible à http://www.ibtimes.co.uk, consulté 7-3-2016.

[26] *Groupes armés dans l'Est du Congo*.
Disponible à https://www.cfr.org/eastern-congo, consulté en Mars 2016.

« capitale mondiale du viol », et comment les institutions juridiques telles que le HCM et la CPI peuvent travailler sans mettre fin ou diminuer l'impunité et la violence perpétrée indéfiniment ? Cette étude propose la possibilité de créer une nouvelle Cour Spéciale.

1.3.1 Délimitation dans l'espace

La RDC est un grand pays et les problématiques paraissent insurmontables. Cela explique que l'étude présentée ici ne concerne que la partie Est de la RDC où la plupart des violations des droits sexuels sont fréquemment commises. L'analyse est confinée presque entièrement dans les provinces du Nord et du Sud-Kivu, ainsi que dans les provinces voisines Orientale et le Maniema.[27]

1.3.2 Délimitation dans le temps

La période concernée de ce travail se déroule entre 2005 et 2015 comme moment critique de l'augmentation de niveau pour les cas de viols, de violences sexuelles et d'autres actes d'atrocités sexuelles. Elle prend en compte également le degré élevé des violations des Droits de l'Homme contre les filles et les femmes dans ces régions.

1.4 LA CLARIFICATION CONCEPTUELLE

Certains mots clés méritent d'être définis au préalable dans le contexte spécifique de cette étude :

1.4.1 Conflit : le conflit est un important désaccord violent ; il comporte des dissensions qui entrent en collision

---

[27] Certains membres de ces milices sanguinaires, sous les ordres de Kabila et des Kabilistes invétérés, avaient été engagés pour poursuivre des actions criminelles dans le Kasayi, lors des insurrections spontanées des milices dites *« Kamwina-Nsapu »* (2003-2006). Les résultats ont été jugés désastreux.

entre des personnes lorsqu'elles revendiquent des actes par contradiction dans l'opposition.[28]

1.4.2 Institution juridictionnelle : l'institution considérée comme juridictionnelle est le système des tribunaux qui interprète et applique la loi au nom de l'État. Ce système fournit subsidiairement un mécanisme de règlement ultérieur des différends.

1.4.3 Droits de l'Homme : les « Droits de l'Homme » sont les droits et libertés fondamentaux qui appartiennent à chaque personne dans le monde, dès sa naissance jusqu' sa mort.[29] Selon le HCDH, les « Droits de l'Homme » sont des droits inaliénables, inhérents à tous les êtres humains.[30]

1.4.4 Cour Pénale Internationale (CPI) : la CPI est une juridiction permanente qui siège à La Haye aux Pays-Bas et qui a pour mission d'enquêter et de poursuivre des individus pour crimes internationaux de génocide, crimes contre l'humanité et crimes de guerre.

1.4.5 Haute Cour Militaire (HCM) : il s'agit d'une juridiction de la RDC qui a pour mission d'enquêter et de poursuivre tous les soldats qui ont commis des crimes et des infractions punissables selon la loi promulguée et les instructions militaires.[31]

1.4.6 Viol : le viol comme forme de violence sexuelle est une activité sexuelle illégale et généralement. Il s'accapare des rapports sexuels imposés par la force contre la volonté d'une femme.[32]

---

[28] *Conflit,* disponible à https://www.merriam-webster.com/dictionary. Accessible 2017.

[29] *Quels sont les Droits de l'Homme* ? Disponible à https://www.equalityhuman rights.comAccèssed à 23-01-2017.

[30] *Quels sont les Droits de l'Homme* ? Disponible à https://www.ohchr.org, site MAP HCDH 1996 - 2017.

[31] *La RDC, la justice militaire et les Droits de l'Homme. Un besoin urgent d'achever les réformes*. Publié par: "Open Society Initiative for Southern Africa". Disponible à https://www.afrimap.org. Accessible en 2009.

[32] *Qu'est-ce que le viol ?* Disponible à https://www.merriam-webster.com. Accessible 2017.

Le viol se caractérise par le fait d'avoir des rapports sexuels illégaux dans le mariage ou hors mariage, entre un homme et une femme qui, à ce moment précis, n'y consent pas.[33] Le Code pénal modèle définit le « viol » à partir des rapports sexuels entre un homme et une femme à qui il n'est pas marié ou même sa propre épouse, sans son consentement, par la force ou la menace d'une sanction de mort prématurée.[34]

À mon avis, il ne s'agit plus d'une définition universellement acceptée.

1.4.7 Violations des droits sexuels : elles déterminent le mot clé principal dans ce travail, lequel doit être défini séparément. Mais en tant que phase primordiale, elles impliquent l'inconduite, le manque de respect de quelqu'un par un contact sexuellement abusif, ou le manque de respect de ses droits sexuels.

1.4.8 Violence sexuelle : il s'agit d'un acte sexuel commis ou esquissé par une personne sans le consentement librement donné de la victime. Elle est évoquée contre une personne qui n'est pas en mesure de consentir ou de refuser l'exécution ponctuelle.[35] La violence sexuelle est un acte de nature sexuelle par la force, ou par la menace de force ou de coercition.[36]

1.4.9 Cour Pénale Spéciale : le tribunal spécial est celui qui entend et décide des affaires ayant des caractéristiques spécifiques. Il dispose d'une compétence pénale limitée qui

---

[33] Susan Atkins et Brenda Hogget, *Les femmes et la Loi*, Basil Blackwell Inc. 432 Park Avenue Sud. Suite 1505, NY 10016, États-Unis 1984, p. 69.

[34] Shimon Shetreet, *Les femmes en droit*, Université hébraïque de Jérusalem, Kluwer Law international, Londres La Haye-Boston 1998, 368.

[35] *Surveillance de la violence sexuelle* ; disponible à https://www.cdc.gov/violence préventive/PDF. Centres pour la prévention et le contrôle des maladies. Accessible en 2009.

[36] *Soldats qui violent, commandants qui condamnent*, disponible à http://www.hrw.org, (récupéré 16-08-2011).

comprend tous les tribunaux de compétence limitée et spécialisée.[37]

1.5 QUESTIONS DE RECHERCHE

1.5.1 En quête d'une résolution de conflit

La grande question revient à comprendre les contextes d'affrontements immédiats. Savoir pourquoi il existe tant de violations des droits sexuels qui s'opèrent contre les femmes et les filles en RDC, principalement pendant les conflits armés. La réalité du taux croissant de violations des droits sexuels cherche à expliquer comment la RDC éprouve le besoin d'un tribunal pénal spécial pour mettre fin à l'impunité des auteurs de viols et de violations des droits sexuels. Est-il nécessaire de fournir une juridiction alternative ? Comment une nouvelle juridiction sera-t-elle surveillée pour s'assurer de la fin de l'impunité et de la violence sexuelle ? Dans quel pays cette juridiction devrait-elle être établie ?

Les recherches sont guidées par les sous-questions suivantes, lesquelles ont besoin d'être posées et de faire la lumière sur des solutions possibles. Quel genre de criminels commettent des violences sexuelles et pourquoi celles-ci sont fréquemment réputées en RDC pendant une si longue période de guerres ? En ce qui concerne la HCM et la CPI, il est contraignant de rechercher ce qui ne concorde pas dans leur fonctionnement et quelle pourrait être la raison de leur échec.

Une théorie facile à formuler, mais il semble périlleux de la mettre en place, en fonction des contraintes impondérables et des non-dits fluctuants qui désarçonnent

---

[37] *Définition des tribunaux spéciaux*. Disponible à http://www.legal-dictionary.thefreedictionary.com. Récupérée en 2017.

souvent une politique nationale malléable, facile à désarçonnes sous des prétextes frivoles.

1.5.2 Justification de l'étude

La situation contradictoire qui existe en RDC fait de ce pays un endroit instable où chaque aventurier observe les évènements par leur absence de justification :

– le pays compte beaucoup de soldats, mais l'État n'exerce aucun pouvoir de coercition dans ce domaine ;
– les contingents des Nations-Unis comportent plus de 21 000 « Casques Bleus », mais ils n'assurent pas de garanties crédibles ;
– on dénombre de multiples armées et milices hétéroclites, mais pas de raison unique et unifiée de leur existence ;
– il existe deux principales juridictions judiciaires, et malgré tout, l'impunité est générale.

Le niveau de stigmatisation des victimes des violations sexuelles doit appeler tout le monde à agir pour entraver l'impunité et à la perversité sexuelle. La présence de la CPI et de la HCM ne s'accorde pas assez de pouvoir contre de nombreux soldats, auteurs des crimes et qui ne cessent de commettre des violences sexuelles. Le système de justice ne peut rester impuissant et inapte à résoudre le problème, parce qu'il existe de nombreuses façons de le trancher. Notre étude propose l'une d'entre elles.

1.5.3 Revue de littérature.

Il est possible de consulter diverses littératures sur les droits sexuels, les droits des femmes et des enfants, particulièrement au niveau international. L'une des idées maîtresses suggérées est l'impératif de la création de nouveaux mécanismes de rupture et d'arrêt du cycle de l'impunité.[38]

---

[38] *L'ONU et les violations sexuelles en RDC.*
Disponible à http://www.rue89nouvelds.com, accessible le 10/02/2015.

La nécessité d'une nouvelle juridiction a été démontrée par 52 personnalités féminines. Plusieurs ONG ont envoyé à l'ONU une pétition de 47 000 signatures. Elles s'occupent des règlements sur les droits et le bien-être de l'enfant liés aux Droits de l'Homme, aux personnalités scientifiques et politiques. Elles postulent la création de la Cour Pénale Spéciale en RDC afin d'élucider le fonctionnement de l'impunité et de la violence sexuelle qui la justifie.[39]

En ce qui concerne la même question, « *Jeune Afrique* », un magazine politique Français, a publié un article percutant : *« Appel international à la création d'une Cour pénale internationale en RDC »*.[40] Cette étude tente également d'appliquer le mécanisme de surveillance et de déclaration (MSD) ainsi qu'il est présenté par « Child Right International Network » pour protéger les enfants et les femmes contre des pratiques néfastes.[41]

La nécessité d'accorder une garantie de stabilité aux femmes pendant les conflits armés est reconnue dans les quatre Conventions de 1949 sur les droits civils. Celles-ci comportent la loi internationale sur les Droits de l'Homme, la loi sur les conflits armés et la défense des civils á l'égard de son traitement arbitraire.[42]

Le Protocole additionnel des Conventions de Genève prévoit certaines mesures en faveur des femmes et des enfants. L'article 76 stipule qu'il est urgent pour les femmes de faire l'objet d'un respect distinctif et qu'elles doivent

---

[39] *Agir contre les violations sexuelles en RDC.*
Disponible à http:///www.adequation.org, accessible le 13 juin 2014.

[40] Appel international à la création d'un tribunal pénal en RDC. Disponible à http://www.jeuneafrique.com, accessible au 2-2016.

[41] *Les enfants soldats internationaux,* CRIN (Child Right International Network) États-Unis 2015, 1.

[42] Van der Poll L, *La jurisprudence émergente sur les violences sexuelles perpétrées contre les femmes pendant les conflits armés (2007)*, Annuaire africain du DIH, 10.

être protégées en particulier contre le viol et la prostitution forcée.[43] Le droit international établit l'interdiction du viol et de la violence sexuelle commise lors de conflits armés, c'est-à-dire un acte de torture.[44]

Les Conventions de Genève expliquent d'une part les devoirs et le rôle de l'État, d'autre part le traitement des personnes protégées pendant le conflit armé.[45] Les mêmes Conventions de Genève interdisent toute coercition contre les personnes protégées afin d'obtenir des informations par eux-mêmes ou bien par des tiers.[46]

Le texte confirme le rôle positif qui peut être joué pour faire progresser les organisations indépendantes des droits de l'enfant avec le pouvoir en place et un engagement à favoriser les intérêts des enfants. Par conséquent, le rôle des groupes de défense des enfants, des ONG, des organisations juridiques axées sur les Droits de l'Homme et autres dans la promotion d'actions destinées à améliorer la consistance sur les textes des droits constitutionnels de l'enfant sera crucial.[47]

En ce qui concerne les « enfants-soldats » qui ont commis des violences sexuelles, l'affaire devient spéciale et compliquée. Certaines réponses se trouvent dans les institutions internationales du type du Protocole Facultatif, lorsqu'il stigmatise la vente des enfants, la prostitution des

---

[43] CICR, *Protocoles additionnels aux conventions de Genève du 12 août 1949*, Genève (2001), 56.

[44] Shaun A. de Freitas, *L'humanité, l'enfant à naître et l'intersection du DIH et de HRL*, (2002) 22.

[45] CICR, *Les Conventions de Genève du 12 août 1949*, Article 27, (2010), 161.

[46] Voir 41 162.

[47] Professeur Sloth-Nielsen J. « *La contribution des droits de l'enfant à la reconstruction de la société : certaines implications de la constitutionnalisation des droits de l'enfant en Afrique du Sud* ». The International Journal of Children's Rights, 4: 323-344, Kluwer Law International, Pays-Bas (1996), 342.

enfants, et la pornographie juvénile sous des formes *contemporaines* d'esclavage. De telles ignominies se moquent des droits de l'enfant. Des pratiques discrètes violent les droits de l'enfant qui sont énumérés dans de nombreux Traités Internationaux et des Conventions, tels que :

– la Convention sur les Droits des Enfants ;
– l'Organisation Internationale du Travail (OIT) ;
– la Convention 182 sur les pires formes des travaux de l'enfant ;
– la Déclaration Universelle sur les Droits de l'Homme ;
– et la Convention Internationale sur les Droits Civils et Politiques ;
– et la Convention Internationale sur les Droits Economiques, sociaux et Culturels.[48]

La « Convention sur les Droits des Enfants » explicite également le Protocole Facultatif sur la participation des enfants aux conflits armés.[49]

Le « Haut-Commissaire des Nations Unies aux Droits de l'Homme » (HCHR) a déclaré que la violence sexuelle restait extrêmement grave en raison de son ampleur, de sa nature systématique et du nombre de victimes indexées en RDC.[50] En effet, la moitié des cas signalés entre 2010 et 2013 sont attribués aux membres des FARDC, et d'autres Agents de l'État comptent parmi les principaux auteurs des

---

[48] Cris R. Revaz, *Les protocoles facultatifs des Conventions des Nations Unies sur les droits de l'enfant sur la traite sexuelle et les enfants soldats*. Les Droits de l'Homme en bref, USA 2001, 5.

[49] Protocole facultatif à la CDE sur la participation des enfants aux conflits armés. Adopté par la résolution 54/263 du 25-05-2000. Voir 63, 667.

[50] Rathgeber Theodor, *Performance et défis du CDH des Nations Unies*. Article sur le Dialogue sur le Forum de la mondialisation Menschenrechte, Berlin Allemagne 2013, 11.

violences sexuelles.[51] Les droits sexuels englobent les Droits de l'Homme qui sont déjà reconnus dans les lois nationales, les documents internationaux des Droits de l'Homme ainsi que dans d'autres matériaux consensuels appropriés.[52]

Les femmes ont le droit de ne pas être soumises entre autres à la persécution, aux traitements et à la violence dégradante, aux arrestations massives, aux expulsions forcées ou à la destruction d'habitations. Étant donné que les Droits de l'Homme s'appliquent indistinctement par nature à « toute personne », chaque être humain et tous les membres de la famille humaine sont censés en bénéficier.[53]

La présentation de la « Plate-forme de Beijing » pour une action concrète a appelé les gouvernements à intensifier les efforts visant à assurer la jouissance égale de tous les Droits de l'Homme et les libertés fondamentales envers les femmes et les filles concernées.[54]

Dans le même ordre d'idées, et afin de montrer le problème et de proposer des solutions pratiques, ces lois autant que leur règlement n'exonèrent pas la brutalité contre les civils. Elles condamnent en particulier la violence sexuelle et les viols qui font au contraire partie intégrante de la guerre. Elles proscrivent l'impunité dont ont été

---

[51] *Violences sexuelles en RDC, violence sexuelle endémique.* Disponible à http://www.europarl.europa.eu, consulté en novembre 2014.

[52] Rebecca Amolo, *Une réflexion critique sur le protocole des femmes africaines comme moyen de lutter contre le VIH/SIDA parmi les femmes. Femmes en Afrique*, Thèse inédite de LLM, UWC, Faculté de Droit, 27 octobre 2006, 35.

[53] Winston E. Langley, *Droits des femmes dans les documents internationaux*, Mac Farland et compagnie, Inc. Éditeurs, Jefferson, Londres (1991), xvi.

[54] Sarah Joseph et Adam Mc Beth, *Manuel de recherche sur le droit international des Droits de l'Homme,* Edward Elgar, Cheltenham, Royaume-Uni 2010, 201.

victimes les soldats lorsqu'ils violent des civils. De tels actes ont également augmenté la proportion des crimes sexuels commis par des civils.[55]

Plusieurs documents, journaux, rapports, bilans et rapports sur les conflits, les viols et les violences sexuelles accentuent l'absence de la justice dans ce domaine. Ils ont été informés par de nombreux sites d'internet. Certains d'entre eux seront fournis au cours de cette étude, en raison de leur analyse minutieuse des situations de conflit et du lien étroit avec la fin de la violence sexuelle.

Ce travail propose la création d'une « Cour Pénale Spéciale » censé travailler en collaboration avec les juridictions locales. Elle contribuera aussi au développement des relations directes entre les victimes et les criminels, en particulier ceux situés dans un pays voisin, à chaque fois qu'ils agissent conformément au droit international. Ainsi se réclame l'originalité de cette œuvre.

1.5.4 Méthodologie de recherche

Certaines méthodes scientifiques sont utilisées pour orienter le processus de ce travail : *"la méthode qualitative"* pour rechercher le meilleur système judiciaire, en même temps que l'intention affirmée pour contenir la violence sexuelle et l'impunité qui la favorise. *"La méthode analytique-comparative"* permet de comparer diverses données recueillies par la lecture intensive. La comparaison des systèmes existants ne suffit pas pour satisfaire à la nécessité d'empêcher l'impunité, car elle appuie singulièrement le nouveau système proposé.

---

[55] Human Rights Watch, *la guerre au sein de la guerre, violences sexuelles contre les femmes et les filles dans l'est du Congo. Rapport sur les violations des Droits de l'Homme en RDC.* Disponible à http://www.hrw.org, États-Unis, juin 2012.

CHAPITRE DEUXIÈME :

LES VIOLATIONS DES DROITS SEXUELS

2.1. Introduction

Les violations des droits sexuels paraissent comme un phénomène complexe fondamental qui constitue la base de ce travail. Les droits sexuels font partie intégrante des Droits de l'Homme. Ils appartiennent au droit à la vie et doivent être protégés. La conservation des légitimités dépend de la justice, ainsi que les droits sexuels.

Une justice méticuleuse est inséparable de la vertu. Et la vertu au sens téléologique représente une bonne conduite conformément au droit universel. Une personne qui pratique la vertu en privé comme envers les autres est juste dans le sens universel. La justice universelle implique toute la vertu. Une justice particulière n'appartient pas à l'ensemble de la vertu, mais une partie de celle-ci.[56]

Le respect des droits sexuels étant formulé sous la forme d'une valeur universelle, elle signifie la « vertu ». Une personne qui respecte les droits sexuels selon le droit international devient juridiquement juste et licite. Une personne qui ne les respecte pas s'affirme juridiquement injuste et illégale.

Le traitement de la matière concernant la violence sexuelle complexe comprend également la nécessité d'accorder la sécurité aux femmes et aux enfants. Pour que l'analyse s'applique sur les deux aspects, l'effectivité supporte deux méthodes d'approche : la première est la

---

[56] Jessica Almqvist, *Droits de l'Homme, culture et règles de droit*. Vol. 6 dans la série de Droits de l'Homme en perspective. Publication de Hart, Oxford and Portland, Oregon, USA 2005, 324.

sécurité des droits sexuels en général. Elle est abondamment exposée et discutée par le droit international. La deuxième entraîne la peine et la punition infligées aux auteurs des violences sexuelles qui sont également montrées et discutées par le droit international. Cependant un tel travail se concentre principalement sur le deuxième aspect qui concerne la peine et la punition à l'égard des auteurs de la violence sexuelle.

Ce chapitre abordera de nombreuses formes de violence sexuelle qui sont utilisées et appliquées à l'encontre des populations civiles par les auteurs, les soldats et les combattants. Ils s'en prennent abusivement aux femmes et aux enfants facilement touchés par les conflits armés.

2.2. Les Aspects Juridiques des droits sexuels

L'analyse suivante sur les droits sexuels et la sexualité concerne la conception et le traitement de la violence sexuelle comme un crime contre l'humanité. Elle aborde aussi la violation de la loi conformément au droit international, de même qu'aux coutumes de la guerre en tant qu'application de la loi. En particulier, la conception et le traitement de la violence sexuelle *inter alia,* inclut la torture, le génocide, les graves violations des quatre "Conventions de Genève". Leur Protocole Additionnel réajuste le délit signifié par une violation des lois et coutumes de la guerre. Ainsi se découvrent les dispositions présentées par les Statuts de Rome, de la manière dont ils seront considérés ici. [57]

La question que nous avons posée dans le premier chapitre concerne le pourquoi des deux juridictions HCM

---

[57] Professeur Van der Poll L., *« La jurisprudence émergente sur les violences sexuelles perpétrées contre les femmes pendant les conflits armés »,* (2007). Annuaire africain du DIH, 3.

et CPI. Ces organismes paraissent inefficaces dans l'application des peines en cas de poursuites pour des infractions établies liées à des violations des droits sexuels. L'argument majeur veut que tout le monde parait conscient qu'il s'agit de crimes, mais aussi que trop souvent, l'impunité ne semble pas prise en considération. Les motifs doivent être validés à la suite de l'analyse de la loi, parce qu'elle porte en elle des motifs recevables qui seront accrédités avec plus d'impartialité.

Le « Pacte International sur les Droits Civils et Politiques » reconnaît que « chaque être humain a le droit inhérent à la vie ». Ce droit est protégé par la loi : « Personne ne sera arbitrairement privé de sa vie ».[58] De cette façon, l'article 6 (1) ci-dessus affiché constitue une règle et une obligation positive, du fait qu'il fait ressortir la responsabilité des États pour contraindre la loi et pour sauver la vie de la population.

Le « Comité sur l'Élimination de la Discrimination à l'égard des Femmes » avait défini la violence basée sur le genre comme une violence dirigée contre une femme parce qu'elle est une femme, ou qui affecte les femmes de façon disproportionnée.[59] L'obligation de l'article 6(1) n'est pas seulement de vérifier que les personnes jouissent du droit à la vie, mais surtout d'assurer la qualité de la vie. Les individus devraient prendre en considération le droit à une vie meilleure, et consacrer les préalables pour un devoir ou un objectif principal de la qualité des États.[60]

Il est nécessaire de faire un lien conceptuel entre le droit à la vie en vertu de l'article 6(1) de PIDCP et

---

[58] PIDCP, *Droits civils et politiques : Le Comité des Droits de l'Homme*. Fiche d'information No 15 (Rev.1) Office de l'ONU à Genève 10, Suisse, 5-2005, 34.

[59] Comité CEDF, Recommandation générale, no 19, 1992, par 6.

[60] Professeur Benyam Mezmur. Article 6 de l'ICCPR, IPHRL, Module de cours, Faculté de droit, UWC 2016.

l'interdiction des actes de violence sexuelle commis contre les femmes. Le premier fixe la qualité de la vie selon le droit international des Droits de l'Homme, tandis que le second érige le principe d'un aspect de la vie selon le droit pénal international.

En ce qui concerne une meilleure vie, les enfants dans le monde disposent des mêmes droits. Le Professeur Sloth-Nielsen explique deux principales façons contenues dans l'article 28 de la Constitution de l'Afrique du Sud : la première façon est de défendre la reconnaissance de la vulnérabilité des enfants. Elle offre des assistances supplémentaires. Il s'agit notamment :

– des droits de nom et de nationalité, aux soins familiaux ou parentaux ;
– à être protégé contre les mauvais traitements, la négligence autant que l'indifférence ;
– être protégé pour l'âge inapproprié de travail ou le travail d'exploitation de mineurs ;
– ne pas être détenu, sauf en dernier recours.

La deuxième façon contenue dans l'article 28(2) indique que le « meilleur intérêt de l'enfant » sera une considération primordiale dans toutes les actions concernant les enfants.[61]

Ces droits sont également valables pour tous les enfants Congolais.

2.2.1. Les Droits relatifs à la sexualité

Les droits à la sexualité les plus importants sont relatifs à la dignité et à l'intégrité des êtres humains. La loi sur les Droits de l'Homme s'intéresse aux trois valeurs libérales fondamentales :

– la dignité humaine ;
– la stabilité du système et de la paix ;

---

[61] Professeur Sloth-Nielsen J. *Droits de l'enfant*, Module de cours, Faculté de droit, UWC LLM 2016.

– et la démocratie libérale.

Juge Rosalyn Higgins argumente en disant que les droits humains font partie de l'intégrité et de la dignité de l'être humain.[62]

La valeur de la dignité humaine construit le parapluie normatif sous lequel les Droits de l'Homme sont les mesures visant à satisfaire le besoin humain de dignité humaine dans toutes ses manifestations. Les Droits de l'Homme reconduisent les expériences qui permettent la réalisation autonome de soi, ainsi que le développement de l'estime de soi et du potentiel de la personnalité dans son intégralité. La réalisation autonome de soi, l'estime de soi et la personnalité constituent le centre de la dignité humaine.[63]

La sexualité comporte une dimension inclusive de l'intimité et un caractère privé lié à la nature de l'homme. Les droits à la sexualité sont reconnus et définis selon le droit international sur cette question : jouir de la sexualité avec liberté selon le respect de la loi et des normes érigées par la société. Les femmes et les filles, là où la situation socio-économique se détériore, acceptent des relations sexuelles abusives afin de survivre aux dangers les plus menaçants. Dans d'autres cas, les filles sans moyens financiers pour les frais de scolarité, subissent des relations sexuelles imposées par leurs enseignants afin de rester à l'école. Les employés entretiennent des relations sexuelles avec leurs employeurs afin de conserver leur emploi.[64] Les

---

[62] Armstrong D, Farrel T. et Helene L., *Droit international et relations internationales*, Université de Cambridge, Londres 2012, 154.

[63] Judith Karp, C*oncept sous-jacent à la mise en œuvre du CRC*, Journal Loyola la loi de pauvreté, Printemps 113, États-Unis 2011, 1.

[64] Juliane Kippenberg, *La guerre au sein de la guerre, la violence sexuelle contre les femmes et les filles à l'Est du Congo.* PDF. Article disponible à http://www.hrw.org, consulté 2012, 21.

unes et les autres se résignent à endurer des traitements cruels.

La « Charte des Nations Unies » proclame que l'un des objectifs proclamés consiste à promouvoir et encourager le respect des Droits de l'Homme et des libertés fondamentales pour tous.[65]

En règle générale, la tradition en RDC exige une discrétion totale en matière de sexualité. La diversité des identités sexuelles et de genre se trouve rendue « taboue ». Il n'existe pas de permission explicite avant d'évoquer certains sujets en public, même entre les parents et leurs enfants. En fait, aucune disposition légale ne reconnaît l'activité homosexuelle. Cela implique "lesbiennes, gays, bisexuels, transgenres et intersexe" (LGBTI). Toutefois, les actes du même sexe transgressent les normes admises et sont susceptibles d'être criminalisés en vertu de la « disposition de décence publique » contenu dans le code pénal congolais, en son article 176.[66]

En définitive, les droits relatifs à la sexualité sont partagés entre les convenances congolaises (selon diverses tribus) et la loi qui les définit. Les villages appliquent en principe les droits selon leurs usages courants (tradition orale), et les milieux urbains affichent leurs droits conformément à la loi (tradition écrite). Cependant, les deux s'intègrent adéquatement à la loi principale : la Constitution.

L'ambiguïté est levée dans le cas où les partenaires partagent en commun les attributions prônées par les légalités dégagées dans les lois extérieures, au cas où ils

---

[65] Droits de l'Homme, ICCPR, Fiche d'information N° 15, États-Unis, 2005, 1.

[66] « Droits des personnes LGBTI en RDC ». Disponibles à http://www.ighlhrc.org. Consultée 6-2014.

adoptent des nationalités étrangères ou choisissent de l'installer en dehors des frontières de leur pays.

2.2.2. Les Devoirs relatifs à la sexualité

Le respect pour les droits humains impose une obligation. La sexualité comme l'un des Droits de l'Homme possède également ce caractère obligatoire. Cela signifie un devoir pour tout le monde de respecter les droits des autres. À cause de l'intimité et de son caractère privé, la sexualité devient alors un droit à observer et à protéger. Raison pour laquelle, le droit sexuel en tant qu'une partie de la loi, devient un devoir et une obligation appropriée.

L'Article 34 de la CDE se concentre sur l'exploitation sexuelle des mineurs. Il plaide pour interdire :

– l'incitation ou la contrainte de l'enfant à s'engager dans n'importe quelle activité sexuelle illicite et illégale ;
– l'utilisation ainsi que l'exploitation des enfants dans la prostitution ;
– les performances pornographiques ou toute autre pratique sexuelle illicite.[67]

Malgré une sommation explicite, l'interdiction de l'exploitation sexuelle des enfants doit être étendue à la manœuvre d'exécution : la manipulation de certaines parties du corps, l'exposition publique par la pornographie, l'exploitation sexuelle ainsi que l'abus sexuel, le harcèlement sexuel verbal...[68] L'interdiction de la violation des droits sexuels est contenue dans diverses documentations ou instruments du droit international et du droit international humanitaire. Elle se répercute à travers les résolutions souvent reprises à l'unanimité dans les « Assemblées générales ». Elle est généralement

---

[67] Rachel Hodgkin et Peter Newel, *Manuel de mise en œuvre pour le CDE,* Édition entièrement révisée, Maison de l'UNICEF, UN Place de l'Arbre, New York 10017, Usa 2002, 505.
[68] Voir 57.

considérée comme une partie de la coutume et de l'usage habituel de la loi internationale.

La torture en tant que crime *en soi,* est le corollaire de la violence sexuelle qui constitue une manifestation inique. En d'autres termes, elle représente un crime punissable en tant que tel, même s'il est perpétré sporadiquement et indépendamment du fait qu'il soit exécuté en temps de paix ou de guerre. Elle nécessite l'implication d'un fonctionnaire de l'État. Cette exigence est expressément incluse dans l'article 1(1) de la « Convention de 1984 » contre la torture qui le prévoit ainsi. [69] Dans de telles circonstances, il s'établit un devoir et une obligation d'éviter le recours à la torture.

2.3. Les Formes de violences sexuelles

L'Est de la RDC en particulier a été décrit du point de vue de la prévalence et l'intensité de toutes les formes de violence sexuelle : les pires au monde. L'élucidation facile de ce principe est la sexualité obtenue par la force, par la menace de la vie avec une arme à feu ou par le prétexte de la crainte de la mort.[70]

La violence sexuelle [71] prend de nombreuses apparences d'actes répréhensibles. En particulier lorsqu'ils sont perpétrés conjointement et en coexistence les uns avec les autres. Il s'agit notamment de tortures, d'expériences médicales non-homologuées, de trafic d'organes, de viol, de prostitution forcée ou d'échange forcé de faveurs

---

[69] Van der Poll L., *Torture et violence sexuelle comme jus cogens. Une réflexion critique sur les normes émergentes du DIH.* Article sur l'Annuaire africain du DIH, UWC (2010), 2.

[70] *Agir contre les violations sexuelles en RD Congo.* Disponible à http://www.adequation.org, consulté 13-06-2016.

[71] *'Violences sexuelles en RDC'.* Il a été suggéré que *Macho-violence militaire en RDC.* Article disponible à http://www.sexualviolenceindrc.com. Accès 05-2015.

sexuelles. Ils se concrétisent en particulier lorsque de tels actes postulent des articles cruciaux :

– de retours d'enfants,
– de cohabitation forcée ou de mariage forcé,
– de grossesses forcées ou d'avortement forcé,
– d'infection intentionnelle avec le VIH,
– de stérilisation forcée.

Il est significatif que la violence sexuelle, surtout sous la forme de viol, soit l'expression la plus courante et prédominante de violation grave de la loi à l'égard des femmes.[72]

L'ONU estime que ces cas ponctuent les infractions indélébiles et imprescriptibles :

– le viol, l'esclavage sexuel, la prostitution forcée,
– la grossesse forcée, le viol collectif, l'inceste forcé,
– les éventrements, les mutilations sexuelles, les mutilations génitales,
– le cannibalisme,
– la propagation délibérée du VIH/sida ainsi que la stérilisation forcée.

Elle y inclut d'autres formes de violences sexuelles qui se produisent en RDC lorsqu'elles sont utilisées comme des techniques et des stratégies de guerre contre la population civile.[73]

Au cours des réunions de haut niveau de la "72e session de l'Assemblée Générale des Nations Unies", les débats avaient abordé la question de la violence sexuelle sous l'angle d'une nouvelle tendance à les utiliser comme « tactiques de guerre et de terrorisme ». Elles prennent les apparences des « outils de déshumanisation et de honte », ainsi que des « armes de destructions massives pour punir

---

[72] Buchowska N., « *Violées ou protégées, les droits des femmes dans les conflits armés après la Seconde Guerre mondiale* ». PDF. Article paru dans *International Comparative Jurisprudence*.
Disponible à http://www.elsevier.com/locate/icj. Accessible 2017.
[73] Voir 66.

et persécuter ». Ces infractions sont décrites comme des nouvelles dimensions du fléau : l'utilisation des femmes en tant que substituts des kamikazes ou esclaves sexuelles, le recours à l'argent dépensé pour récompenser les combattants. De telles férocités font d'elles des ressources « jetables » après usages successifs, censées alimenter le terrorisme.[74]

Il est important de noter certaines définitions ponctuelles et les allures empruntées par la violence sexuelle :

– **Accomplissement ou tentative d'actes forcés dans lesquels une victime est persécutée lorsqu'elle est pénétrée par un agresseur :** il comprend des situations où la victime a été subjuguée, ou quand il se profile une tentative de faire pénétrer sexuellement le corps de la victime contrainte par un agresseur ou une autre personne sans son consentement explicite.[75]

– **Pénétration forcée complète ou esquissée d'une victime** : cette action comprend une insertion vaginale (pour les femmes) terminée ou tentée non désirée, orale ou anale, par le recours à la force physique aussi bien qu'à des menaces pour causer des dommages physiques à l'égard ou contre la victime.[76]

– **Violence sexuelle :** tout acte sexuel ou activité non désirée. Le fait inclut à la limite : viol, agression, abus d'enfants, harcèlement, viol dans le mariage/relations, mariage forcé, soi-disant violence fondée sur l'honneur,

[74] *Violence sexuelle dans les conflits : comment passer de l'impunité à la dissuasion ?* Réunions de haut niveau de la 72e session des NU, États-Unis, 19-28 septembre 2017.
[75] *Surveillance de la violence sexuelle : Définition uniforme et éléments de données recommandés.*
Disponible à http://www.rapecrisis.org.uk/sexualviolence, Le Centre National pour les blessures prévention et contrôle, accessible en 2017.
[76] Voir 71.

mutilations génitales féminines, la traite, l'exploitation sexuelle, et l'abus rituel.[77]

– **Agression sexuelle :** elle a lieu quand un individu touche n'importe quelle partie du corps d'une autre personne selon une intention sexuelle, même au travers des vêtements, sans le consentement de cette personne.[78]

-**Abus sexuel** : un comportement déplacé non-désiré par une personne sur une autre, lorsque la force est immédiate, de courte durée ou peu fréquente.[79]

– **Violence physique :** tout acte intentionnel susceptible de causer des blessures ou un traumatisme à une autre personne ou à une gestualité animale par contact corporel. Dans la plupart des cas, les enfants sont les victimes de cette violence physique.[80]

– **Pénétration forcée non-physique :** elle se produit après qu'une personne a subi des pressions verbales, par intimidation ou abus d'autorité, avec l'intention de l'obliger à consentir pour se soumettre à la pénétration.[81]

– **Contact sexuel non-désiré** : attouchements intentionnels, directement ou au travers des vêtements, des organes génitaux, de l'anus, du sein, de la cuisse intérieure ou des fesses de toute personne qui n'a pas exprimé son consentement.[82]

– **Non-contact avec des expériences sexuelles non désirées** : la tentative n'inclut pas le contact physique de nature sexuelle entre l'agresseur et la victime. Certains actes des expériences sexuelles non liées au contact se produisent à l'insu de la victime.[83]

– **Pénétration complète ou facilitée par l'abus d'alcool,** ou par la consommation des drogues : l'acte comprend une insertion vaginale, orale ou anale non désirée lorsque la

---

[77] Voir 71.
[78] Voir 71.
[79] Voir 71.
[80] Voir 71.
[81] Voir 71.
[82] Voir 71.
[83] Voir 71.

victime n'était pas en mesure de consentir parce qu'elle était trop en état d'ébriété ; une irresponsabilité provoquée par l'incapacité, le manque de conscience ou le manque de vigilance ; mais aussi par la consommation volontaire ou involontaire d'alcool ou de stupéfiants prohibés.[84]

Ce travail identifie différentes catégories de viols qui se produisent toutes en RDC :

– le viol punitif utilisé pour châtier ou pour imposer le silence et le contrôle des individus en des espaces géographiques furtifs ;
– viol de position ou de rang résultant de différences reconnues de grade dans le domaine militaire ;
– viol cérémoniel entrepris dans le cadre de rituels socialement sanctionnés comme un acte de conquête ;
– viol d'échange lorsque le contact génital est utilisé comme outil de négociation ;
– viols consécutifs au vol par suite à l'enlèvement involontaire d'individus comme otages, esclaves, prostituées, concubines ou butins de guerre ;
– et viol de survie lorsque les femmes s'impliquent avec des hommes plus âgés pour sécuriser les biens nécessaires à la survie.[85]

2.3.1. Violences sexuelles à l'égard des femmes

Les personnes les plus touchées dans cette tragédie sont les femmes. Elles se prêtent aux agissements qui les rendent trop vulnérables. Elles se conforment souvent au rôle de victimes des tortures, aux manipulations dégradantes, aux malfaisances et gestes déconsidérés. Elles ne se sentent même pas protégées ni respectées en tant que personnes ayant droit à l'égalité et à la considération. La plupart des violences sexuelles sont exercées sur elles sans aucun égard.

---

[84] Voir 71.
[85] Voir 67.

En effet, des dizaines de milliers de femmes et de filles Congolaises ont subi des exactions, tandis que d'autres souffrent encore des violences sexuelles liées aux conflits armés. Le viol des femmes et des filles a été utilisé comme une arme de guerre. Elles ont payé un lourd tribut. Elles ont été privées de tout humanisme.[86]

Un rapport de 2014[87] indique que l'utilisation du viol comme forme de torture par les forces de sécurité se concentre sur les études de cas et les récits des survivants. Habituellement, dans les circonstances de violence sexuelle, une femme dit « oui » parce qu'elle a peur pour sa vie ou sa sécurité. Elle craint pour la vie ou la sécurité de quelqu'un dont elle se soucie dans son entourage immédiat ; elle n'est consentante ni par choix ni par la liberté d'action ni par la capacité de faire ce choix. Si elle ne prononce pas elle-même le mot « non », simplement, elle n'est pas en mesure d'articuler des sons audibles à cause du choc. Elle ne crie pas ou ne se bat pas ou ne lutte pas. Cela ne signifie pas qu'elle donne son consentement pour ce qui lui advient de son martyre.[88]

En outre, le viol et d'autres formes de violence sexuelle ont maintenant été explicitement reconnus par les États comme une catégorie unique des crimes de guerre, pendant les conflits armés internationaux autant que non-internationaux.[89] L'accent est mis sur le fait que la violence

---

[86] La documentation Française, *Un conflit meurtrier. 1996 – 2007.* Disponible à http://www.ladocumentationfrancaise.fr/conflict-grands-lacs, consulté le 1er avril 2008.

[87] *Violences sexuelles en RDC.*
Disponible à http://www.freedomfromtorture.org, accessible en 2015.

[88] Lettre datée du 22-01-2014 du "Groupe d'experts sur la RDC", elle s'adresse au Président du Conseil de Sécurité de l'ONU, No S 2014/42, 32/277.

[89] Gloria Gaggioli, *Violences sexuelles dans les conflits armés : violation du LDH et du DIH*, PDF. Un article paru dans l'examen international de la Croix-Rouge, CICR 2015, 529.

sexuelle est exercée en vue d'un « mariage obligé ». Elle transforme les filles et les femmes en des épouses forcées par les membres de la milice.[90]

Dans une étude comparative menée pendant la Seconde Guerre mondiale, il a été rapporté des atrocités et d'énormes souffrances infligées aux civils de tous âges, d'origine ethnique variée et des deux sexes. Comme dans tout autre conflit armé décrit précédemment, la plupart des victimes civiles étaient constituées des femmes. En conséquence, d'autres chercheurs ont indiqué que pendant cette période d'horreurs, tous les côtés du conflit ont perpétré des viols à grande échelle.[91]

De même, il convient de noter l'incidence particulière sur les Droits des Femmes en Afrique, en collaboration avec la Fédération Internationale des Droits de l'Homme (FIDH) et son Organisation sud-africaine. Elle met en exergue un nouveau projet sur la violence sexuelle à l'égard des femmes et ses conséquences.

Dans le cas de la RDC, l'agression sexuelle lors des conflits comportait le viol collectif. Ce qui représente la majorité de tous les cas ainsi décrits :

– le viol en public ou en présence de membres de la famille ;
– le "viol-inceste" entre un enfant et sa mère, sa sœur ou un membre de sa famille, ou entre un père et sa fille ;
– le viol avec des instruments aigus ou contondants ;
– les mutilations génitales perpétrées quotidiennement de manière courante.[92]

---

[90] CSONU, Rapport final du Groupe d'experts sur la RDC, S/2015/19, No 1466372 du 28-1-2015, 30/156

[91] Buchowska Natalia, *Violé ou protégé. Droits des femmes dans les conflits armés après la Seconde Guerre mondiale.PDF*. Article sur la jurisprudence comparée internationale. Adam Mickiewicz Université, Pologne. Disponible à http://www.elsevier.com/locate/icj. Accès au 27-12-2016.

[92] *Arrêter le viol en RDC.*

La violence sexuelle et sexiste est devenue une caractéristique déterminante du conflit, une tactique de guerre.[93] L'impunité persistante pour ce type d'infraction ainsi que d'autres violations des Droits de l'Homme renforce les agressions et l'insécurité dans la région.[94]

2.3.2 Violences sexuelles contre les hommes

Cette forfaiture s'accomplit lorsqu'une femme-soldate force un homme à commettre et à subir un acte sexuel. Dans ce cas, l'agresseur est la femme et l'homme en devient la victime désignée. D'autres formes de violence sexuelle contre les hommes se produisent lorsque les soldats forcent un homme à l'acte sexuel avec sa propre fille en présence des membres de la famille, ou avec une autre femme lorsqu'ils requièrent cette condition pour rester en vie.

Une étude a révélé que 23,6 % des hommes sont exposés à la violence sexuelle. Une étude similaire trouve que 22 % des hommes sont à comparer aux 30 % des femmes selon le rapport des conflits apparentés à la violence sexuelle. Une autre étude observe qu'un homme sur quatre a été victime de ce type de violences sexuelles.[95]

La prévalence du viol de mâles dans le pays est susceptible d'être sous-évaluée. Les hommes qui admettent avoir été violés prennent le risque de se faire ostraciser par leur communauté. Ils endurent alors la sanction extrême des poursuites pénales, parce qu'ils peuvent être considérés

---

Disponible à http://www.internationaltradeunionfederation.org, Consulté en octobre 2011.

93 Mme Wallström, *Violence à l'égard des femmes dans l'Est de la RDC : à qui la responsabilité ? Dont la complicité ?* Article disponible à http://www.ituc.org_violence-rdc, Anvers en, Belgique 11-2011, 21.

94 Voir 89.

95 Voir 88.

comme homosexuels. Les victimes de sexe masculin sont moins disposées à comparaître devant le tribunal.[96]

Des commentaires agrémentent les reportages en tous genres, et ils permettent de bien délimiter les champs d'action des chroniques habituelles.

2.3.3. Violences sexuelles contre les enfants

Avant l'adoption du CDE, l'état des enfants du monde « nécessitait une protection spéciale et appelait à une amélioration continue ».[97] Afin de faire avancer l'objectif de protéger les enfants et d'endiguer l'impunité des auteurs des crimes, le Conseil de Sécurité de l'ONU a identifié six catégories de violations. En ce qui concerne la situation en RDC, l'ensemble des six graves violations sont commises effectivement. Ce travail va traiter seulement de la seconde et de la troisième catégorie de criminalité. Elles sont les suivantes :

1. massacre ou mutilation des enfants ;
2. recrutement ou utilisation d'enfants par les forces armées ou les groupes armés ;
3. viol ou autres formes de violence sexuelle contre les enfants ;
4. attaques contre les écoles ou les hôpitaux ;
5. enlèvement d'enfants ;
6. refus de l'accès humanitaire aux enfants.[98]

Malheureusement, ainsi que le révèle le Docteur Mukwege de Panzi à propos de ces forfaits indicibles, ces corps endommagés sont parfois ceux des nourrissons de

---

[96] Voir 89.

[97] Rochelle D. Jackson, *la guerre sur les droits de l'enfant : et la justice pour tous ? Égaliser les droits des enfants*. Buffalo la loi des Droits Humains Révisée 1999, 3.

[98] *Les six graves violations commises contre des enfants pendant le conflit.* Disponible à http://www.childrenandarmedconflict.un.org/SixGravesViolations LegalFoundation. PDF, accessible en septembre 2013, 9.

quelques années ou même des mois d'âge. *« L'Homme qui Répare les Femmes »* a pris un ascendant remarquable décerné par les Institutions privilégiés, et notamment la consécration par le *« Prix Nobel de la Paix »* en 2018.[99]

La mise en place du « Mécanisme de Surveillance et de Déclaration » (MSD) a été une étape sans précédent pour améliorer la sauvegarde des populations les plus vulnérables touchées par les conflits. Le MSD s'est avéré être bien plus qu'un outil pour « le nom et de la honte », car les malfaiteurs violent surtout les droits de l'enfant.[100]

En conséquence, le gouvernement de la RDC doit établir une législation de contrôle et des mécanismes de préservation. Les enfants sont impliqués à plus d'un titre avant de se faire démobiliser par les forces armées et les groupes armés. Les autorités nationales ont l'obligation de leur fournir une aide à la réhabilitation et à la réinsertion cette occasion bénéfique.

Dans les lignes mêmes d'assistance[101], les enfants ont souvent déclaré :

> « Nous nous tournons vers les adultes et les enfants plus âgés pour obtenir des conseils sur la façon d'être dans le monde, pour nous montrer ce qui est acceptable et ce qui ne l'est pas. S'il arrive qu'un adulte manipulateur ou un enfant

---

[99] Denis Mukwege, est né à Bukavu (Congo belge)en 1955. Gynécologue et militant des Droits de l'homme, il est aussi un Pasteur chrétien évangélique pentecôtiste. Surnommé « l'Homme-Qui-Répare les Femmes », il a reçu de nombreuses distinctions pour son engagement contre les mutilations génitales pratiquées sur les femmes en République démocratique du Congo, dont le Prix Sakharov en 2014 et le « Prix Nobel de la Paix » en 2018.

[100] *Enfant Soldats International.* Un article paru dans *Child Rights International Network*, USA, 2015.

[101] *Surveillance de la violence sexuelle : Définition uniforme et éléments de données recommandés.*
Disponible à http://www.rapecrisis.org.uk/sexualviolence, consulté 11-2017.

plus âgé abuse de cette confiance et contraigne un enfant dans une situation sexuelle, on peut dire qu'il est juste ou pas, quelque chose de mauvais se produira ».

Le « Protocole Additionnel des Conventions de Genève IV » préconise un principe : « les enfants doivent faire l'objet d'un respect particulier et seront à nouveau protégés contre toute forme d'attentat à la pudeur ».[102] Le Protocole facultatif à la CDE sur la vente des enfants adresse des injonctions à certaines des pires formes d'atteintes aux Droits de l'Homme à chaque fois qu'elles sont perpétrées contre des enfants dans le monde entier.[103]

Il fut un temps où l'opinion prédominante affirmait que tous les enfants-soldats étaient des garçons. Cela parce que la guerre avait toujours été considérée comme une réserve masculine, et ce constat reste principalement vrai. Les femmes et les filles participent à la guerre dans une bien plus grande mesure que ce qui est généralement admis Pendant les combats armés, les filles soldates sont souvent de servir d'esclaves sexuelles de groupes armés.[104] Le film de Rachel Mwanza intitulé *Rebelle,* le confirme avec une tonalité plus de tragique encore.[105]

Au niveau continental, bien que la « Charte Africaine de l'Enfant » mette l'accent sur l'enfance de la fille en général, l'article 22 traite des enfants soldats mais ne

---

[102] CICR *Protection juridique des enfants dans les conflits armés.* Service consultatif sur le DIH, Suisse, Genève 10/2001.

[103] Cris Revaz, *Les Protocoles facultatifs à la CDE des Nations Unies, sur la traite sexuelle et les enfants soldats. Human Rights Brief* 13, automne 2001, 1.

[104] Benyam Mezmur, *Enfants aux deux extrémités de l'arme à feu : vers une approche juridique globale du problème des enfants soldats en Afrique.* Université de Pretoria, LLM Droits de l'Homme et Démocratisation en Afrique, 31-10-2005, 29.

[105] *War Witch,* A Film by Kim Nguyen. Tribeca Film, 2013. "Mesmerizing", The New York Times. Academy Award Nominee.

prévoit pas un moyen pour prendre en considération les préoccupations spécifiques des filles soldats.[106]

Cette question primordiale exige qu'une différence soit faite entre l'utilisation d'enfants et l'exploitation des enfants. La maltraitance des enfants est un viol au cours duquel l'auteur de crime utilise souvent la force, l'argent, le pouvoir, l'influence, l'arme et d'autres malfaisances plus nocives encore. L'exploitation de l'enfant se comprend comme un usage ou une utilisation lucrative, particulièrement pour le profit. De telle sorte que l'exploitation commerciale des enfants devient une transaction commerciale qui implicite l'exploitation sexuelle.[107]

Les deux méthodes sont mises en jeu dans les conflits en RDC. Mais le terme « exploitation sexuelle » est employé pour parler de l'implication dans le commerce du sexe. C'est ainsi qu'il est encadré par la loi.[108]

Dans le conflit de la RDC, les enfants sont abusés sexuellement par toutes les catégories, soit par des adultes, soit par un autre enfant. Il est essentiel de reconnaître que tout acte sexuel entre les jeunes et les adultes inspire la violence. Dans les groupes armés, les enfants en sont des victimes désignées.

Le gouvernement Congolais souhaite mettre fin aux pratiques barbares pour soumettre les plus faibles – femmes et enfants – à toutes les formes de violences sexuelles. Ce qui explique pourquoi Mme Mabunda avait déclaré :

> « J'ai eu le privilège de mener la lutte contre la violence sexuelle. Le recrutement d'enfants soldats en RDC... Et il y a ceux qui ont profité de ce conflit pour commettre des

---

[106] Voir 99, 30.

[107] *Qu'est-ce que l'exploitation sexuelle ?* Disponible à http://www.host.jibc.ca ou 'slytookit'. Accessible en mai 2015.

[108] Voir 99, 35.

crimes terribles, y compris des actes de violence sexuelle ».[109]

2.3.4. Violences sexuelles perpétrées par des enfants

Par l'article 38 de la CDE[110] qui met l'accent sur la garantie de paix pour des enfants touchés par les conflits armés, le « Comité des Droits de l'Enfant » s'inquiète de la participation des enfants mineurs à la force armée de l'État en contrepartie des trafics différents, soit en tant que soldats, soit en tant qu'aides. Il exhorte à circonscrire l'utilisation des enfants comme soldats. Il met l'accent sur la protection des enfants de moins de 18 ans contre toute implication directe ou indirecte pendant la période des hostilités.[111]

Ce fait intègre une séparation stricte des actes criminels commis par les enfants soldats et ceux exécutés par des soldats adultes. Toutefois, les protagonistes comportent une différence essentielle dans leurs responsabilités pénales. Tout soldat adulte est criminellement responsable et il est pénalement punissable ; mais tout enfant soldat n'est pas criminellement responsable et il ne peut pas être pénalement punissable.[112]

Les enfants soldats ou les enfants associés aux parties lors d'un conflit doivent être traités comme des victimes innocentes et remis à des acteurs de la défense de l'enfance. Dans les circonstances où les enfants sont accusés d'un

---

[109] *Mettre fin au viol et à l'impunité pour les violences sexuelles en RDC*. Un article sur l'ouverture du Bulletin des jugements de la Haute Cour sur la violence à l'égard des femmes. Mme J. Mabunda est ministre de la RDC et représentante de la violence sexuelle et du recrutement d'enfants.
Disponible à http://www.stopdrcsexualviolence.com, accessible le 19 juin 2017

[110] Voir 62 563

[111] Voir 62 572.

[112] Voir 56.

crime éventuel, toute procédure judiciaire devrait être menée conformément à l'application régulière de la loi et à la norme de justice pour mineurs.[113]

Selon de nombreux témoignages concordants qui relatent de multiples incidents des conflits armés de la RDC, les adultes utilisent et manipulent des enfants comme soldats pour certaines opérations militaires avec l'intention d'augmenter le nombre de combattants sur les champs de batailles. Ils les envoient sur le terrain des opérations et ils leur confient des tâches pénibles de sabotage réservées à l'affaiblissement et à l'extermination des matériaux exploités par les ennemis.

Ils les expédient sur les zones de combats et ils en font des violeurs en cas de sabotage humain ou d'humiliations de familles, de viols de femmes et de filles membres d'une tribu, même au sein de leurs propres familles. Ils s'en débarrassent quand ils se transforment en meurtriers, en tueurs à gages, en massacreurs sans vergogne des masses, et qu'ils opèrent des brigandages insensés sans discernement *(kuluna)*. Ils leur attribuent des secteurs entiers pour des tâches macabres. Ils leur imposent des mutilations des parties du corps, sous prétexte de faire respecter le silence parmi les villageois ou pour punir les paisibles paysans parce qu'ils ont soutenu ou simplement coopéré avec les ennemis. Ils les embrigadent pour incendier des maisons, des écoles et des bâtiments publics.[114]

---

[113] AGNU, *Rapport du Représentant Spécial du SG pour les enfants et les conflits armés*. No A/70/162, USA 20/07/2015.

[114] C'est une histoire racontée par certains témoins qui sont des survivants de ces atrocités en 2015.

2.4. Les Violations des droits sexuels en l'espace de 2005 à 2015

Les circonstances qui favorisent la fréquence de violences sexuelles pendant la période considérée démontrent leur niveau démentiel et leur gravité intrinsèque. De nombreux actes de violences sexuelles sont perpétrés à des degrés infaillibles.

2.4.1 Par les troupes armées loyales Congolaises

Depuis 2003, les FARDC commanditent et entretiennent l'un des principaux auteurs de violences sexuelles documentées au Congo. Les tentatives des commandants de l'armée pour les juguler ont souvent échoué. Ils n'ont pas réussi à arrêter les violences sexuelles et à punir les responsables autant que les coupables des violations du DIH.[115] Les FARDC ont contribué ainsi à accroître les violations des Droits de l'Homme en général, mais en particulier dans la violence sexuelle et la violence basée sur le genre qui cible les femmes et les filles.[116]

Ceux qui étaient supposés protéger les civils se transforment en commanditaires des abominations concertées, à savoir, les soldats de l'armée nationale régulière et les officiers de l'État. Les policiers ou les gardes des frontières se coalisent dans le but d'entretenir aussi les auteurs des crimes. [117] Le condensé des allégations de la

---

[115] *Soldats qui violent, commandants qui tolèrent, la violence sexuelle et la réforme militaire en RDC*. PDF. Article publié à http://www.hrw.org. Consulté juillet 2009, 21

[116] *Femmes en conflit : document de position de la RDC*. Un article paru dans *Action et Aide Internationale*. Disponible à http://www.actionaid.org, consulté 29-11-2012.

[117] Buchowska Natalia, *Violées ou protégées, les droits des femmes dans les conflits armés après la Seconde Guerre mondiale*. Article paru

RDC s'est concentré sur les crimes de guerre et les crimes contre l'humanité.[118]

2.4.2. Par les troupes rebelles Congolaises

Des dizaines de groupes armés demeurent toujours actifs dans l'Est de la RDC. Ces soldats commettent également divers crimes de guerre et crimes contre l'humanité, ainsi que cela apparaît à l'endroit des forces loyales. En comparaison avec ces dernières, les groupes armés rebelles Congolais ont entrepris davantage d'atrocités programmées contre les civils.[119]

Du coté de leur responsabilité pénale directe pour les crimes commis, les commandants ou d'autres officiers supérieurs peuvent être coupables d'avoir omis de prévenir ou de punir les commanditaires des crimes commis par leurs subordonnés. La responsabilité du commandement comme un principe coutumier et a été incorporée par le DIH dans les Statuts de Rome.[120]

La particularité des tactiques et des méthodes d'actes de violences sexuelles commis par les groupes rebelles est également déterminée par des raisons économiques dans l'industrie artisanale des ressources minières, en particulier l'exploitation illicite des matières premières : coltan, cassitérite, or, diamant ou manganèse.

Ainsi, lors du récent débat sur « les femmes et la paix, la violence sexuelle dans les conflits », le Conseil de Sécurité avait appelé à un suivi plus efficace de la traite des

---

dans International Comparative Jurisprudence, disponible à http://www.elsevier.com/locate/icj. Accessible 2017.

[118] CPI *compétence dans la situation générale.* Transcriptions 9 avril 2017 - Session 201.

[119] Voir 112, 25.

[120] « Statuts de Rome », art. 28. Le droit international coutumier résulte d'une pratique générale et cohérente des États suivi d'un sentiment d'obligation juridique.

êtres humains. Il soulignait que la violence sexuelle appartient désormais à l'ombre de l'économie.[121]

L'un des résultats de ces tactiques enclenche le déplacement forcé des populations civiles. Lorsque les rebelles trouvent et commencent l'extraction manuelle de certains minéraux, ils obligent les villageois à se transporter vers d'autres endroits moins propices à la culture des cultures vivrières dont ils vivent. Dans une moindre mesure, les civils fuient également au-delà des frontières et cherchent refuge dans les pays voisins. La RDC est devenue ainsi l'un de ces pays qui génère le plus grand nombrede réfugiés dans le monde.

Le conflit interne est de loin le facteur le plus incitatif qui provoque la catastrophe du flux des réfugiés. L'interdiction du déplacement forcé de civils pendant les conflits armés internes est maintenant fermement renforcée dans le DIH conventionnel et coutumier. Elle lie toutes les parties aux confrontations étatiques et non étatiques pour introduire les conjurés en une complicité d'acteurs actifs.[122]

2.4.3. Par des troupes armées étrangères

Les gouvernements étrangers de Burundi, de l'Ouganda et du Rwanda sont présents sur le territoire de la RDC par le biais de leurs troupes armées et/ou par l'intermédiaire de certaines équipes Congolaises. D'autres rebelles reçoivent de l'argent en rétribution de leur traitrise, autant qu'ils pourvoient de leur part les milices en armes de plus en plus sophistiquées. Ils deviennent des

---

[121] Lettre du 5-5-2017 de la Mission permanente de l'Uruguay au Conseil de Sécurité de l'ONU (S / 2017/402).

[122] Mélanie Jacques, *Conflit armé et déplacement. La protection des réfugiés et des personnes déplacées dans le cadre du DIH*. Cambridge studies in International and comparative Law, Cambridge University, London 2012, 65.

consommateurs attitrés pour les nombreuses colonnes de Réfugiés sans abris.

Rwandais, Burundais et Ougandais y sont présents depuis une vingtaine d'années. Ils sont soumis aux lois et juridictions de la RDC concernant la violence sexuelle contre les femmes. [123]

2.4.4. Par les auteurs civils

2.4.4.1. Les civils auteurs masculins

Ces dernières années, les actes de violences sexuelles commis par des civils se sont considérablement accrus.

Le phénomène est attribué à une augmentation du nombre de combattants démobilisés qui ont été réintégrés dans les effectifs de l'armée régulière.[124] Les viols commis par des civils augmentent sans cesse. Ces incidents démontrent que la violence sexuelle est bien répandue dans l'ensemble des pays environnants.[125]

Alors à présent, la violence sexuelle n'est malheureusement pas seulement perpétrée par des factions armées, mais aussi par des hommes ordinaires qui occupent des postes de l'autorité, des voisins pourfendeurs de l'ordre social, des amis et des membres de la famille.[126]

2.4.4.2. Les civils auteurs féminins

Les recherches dirigées par Lynn Lawry de l'Université de Harvard ont constaté que 40% des victimes féminines et 10% des victimes masculines ont dit qu'ils ont

---

[123] Le conflit en RDC. Disponible sur www.worldwithoutgenocide.com/ congo, accessible en 2013.

[124] Conseil des Droits de l'Homme de l'ONU, rapport sur la violence sexuelle à l'égard des femmes en RDC du 28/02/2008. Disponible à http://www2.ohchr.org/english/bodies/hrcouncil/docs. Accès 11-5-2009.

[125] Ross et Will, *La crise du viol collectif en RDC se propage, une nouvelle étude suggérée*. Infos de la BBC. Récupéré sur 01-10-2011.

[126] Voir 13.

été agressés par une femme. Un expert de l'ONU sur les groupes armés a déclaré : « Les femmes qui ont été violées pendant des années, violent maintenant d'autres femmes ».[127]

Les affirmations des experts convergent toutes vers cette condamnation unanime dans les assemblées générales. Cependant, les actions à entreprendre sur le terrain manquent de cohérence et favorisent plutôt les gesticulations commerciales, au détriment des populations.

2.5. Certaines raisons des violations des droits sexuels

2.5.1. L'utilisation de la violence sexuelle comme arme de la guerre

L'ONU a officiellement déclaré que la violence sexuelle dans les conflits armés, particulièrement le viol, est parfois qualifiée comme « arme de guerre ». [128] Lorsque la violence sexuelle est utilisée pour massacrer et détruire les femmes et les filles, ce forfait appelle une arme contre elles.

Dans le cadre du DIH, une analyse superficielle révèle l'existence de deux éléments communs dans la compréhension de la terminologie « arme », dénomination unilatérale qui désigne :

– (i) un objet, un matériel, un instrument, un dispositif ou une substance qui est utilisée pour :

– (ii) tuer, blesser, endommager, menacer ou détruire.

Si une telle définition est acceptée, il est clair que la caractérisation du viol comme arme de guerre est inexacte à partir du point de vue strict du DIH.[129]

---

[127] Voir 13.

[128] AGNU Res. 48/143 (1993), HCHR, '*Viol : Arme de guerre.* Disponible à : www.ohchr.org/en/newsevents.

[129] Voir 63, 576.

2.5.2. L'Humiliation et l'intimidation

Parfois, le viol était commis comme punition et châtiment *motu proprio*. Les soldats introduisent leurs baïonnettes dans les vagins de leurs victimes pour les mutiler ou les pénétrer au moyen des couteaux et des lames de rasoir. Ils renient ainsi toute humanité à la victime qui est traitée à la manière d'un animal.[130]

Plusieurs raisons peuvent être avancées pour conditionner la volonté des combattants. Ils s'acharnent à humilier l'ennemi en lui infligeant des traitements inhumains et dégradants. D'autres cependant, utilisent le viol à des fins fétichistes ou magiques inspirées des rituels ésotériques. Les chefs rebelles ont toléré ou même encouragé les viols des femmes parce qu'ils considéraient ces dépècements incultes comme un bonus pour la bravoure et un coup de pouce parfait à l'avantage des troupes.[131]

Le cas de Gédéon Kyungu dans le Katanga est parmi les plus flagrants. Après l'accomplissement des actes odieux, il faisait couper les seins des femmes, et ses guerriers s'en délectaient pour augmenter leur invulnérabilité.[132]

2.5.3. L'absence de loi

L'article 3 de PIDCP affirme : *« Les États parties s'engagent à garantir l'égalité des droits des hommes et des*

---

[130] La documentation Française, "*Un conflit meurtrier*", 1996-2007. Disponible à http://www.ladocumentationfrancaise.fr, consulté 01-4-2008.

[131] Moswa Mombo L., *La répression des délits liés à la violence sexuelle dans le contexte de la crise de la justice Congolaise : cas de viol.* Université de Nantes - Diplôme d'études supérieures en Droit fondamental France 2007, 12.

[132] D'autres cas ont été rapportés dans l'ouvrage de Pius Ngandu Nkashama, *Guerres africaines et écritures historiques,* Paris, L'Harmattan, Coll. "Études africaines," 2011, 292 p.

femmes à la jouissance de tous les droits civils et politiques énoncés dans le Pacte ». [133] En raison de la guerre, le gouvernement de la RDC ne peut pas assurer équitablement les droits à la population de l'Est du Congo. De nombreux cas de tortures et d'esclavage sèment la désolation et démultiplient la débandade parmi la population. Cependant, ils sont interdits par les articles 7 et 8 de PIDCP.[134]

L'application de toutes ces lois n'est pas possible à cause de la guerre. Les hostilités permanentes et les expéditions militaires n'ont pas permis aux Procureurs, aux Juges et aux autres officiers judiciaires de travailler efficacement dans l'Est de la RDC.

2.5.4 Autres raisons

En contrôlant illégalement les activités minières dans un contexte délétère, les éléments militaires et des groupes rebelles commettent de exactions fatales. Les revenus de ces activités minières ont également incité différents groupes armés et unités militaires à des dérèglementations insolites, entretenues afin de saborder un environnement instable.[135]

Les femmes installées dans les zones minières artisanales risquent fortement des violences sexuelles et des violences basées sur le genre. Les carrés miniers sont dominés par des jeunes gens en provenance des régions éloignées de chez eux, de leurs familles et de leurs communautés. Tous, ils manifestent une envie immodérée pour l'argent. Ils sombrent souvent dans des comportements démentiels aggravés par la consommation des doses excessives d'alcool et de marijuana, une

---

[133] Droits Humains, Droits civils et politiques : Le Comité des Droits de l'Homme, Fiche d'information no 15 (révérend 1), États-Unis 11-2005, 32.

[134] Voir 85, 35.

[135] Voir 35.

combinaison tonique qui diminue la responsabilité morale et augmente les tendances de la violence.[136]

Le contrôle des terres, des richesses minières et les tensions économiques sont également les facteurs de la poursuite de la violence et des conflits. La persistance du viol est souvent attribuée à des conceptions erronées sur le viol, comme le mythe selon lequel le fait d'entreprendre des relations sexuelles avec des filles prépubères donnera aux conquérants des énergies renouvelées dans la bataille ou les relations des affaires.[137]

2.6 Conclusion

Le viol et d'autres formes de violences sexuelles sont absolument interdits en vertu du « Droit International Humanitaire ». Ils sont proscrits par la « Loi Internationale des Droits de Homme ». Les Conventions de Genève et leurs Protocoles Additionnels interdisent également le traitement cruel ou inhumain ainsi que la torture, les outrages à la dignité personnelle, l'attentat à la pudeur et la prostitution forcée. Elles exigent le respect des personnes et de l'honneur des individus.

Le droit international humanitaire interdit le viol et toute autre forme de la violence sexuelle appliqués aux deux catégories des conflits armés, interne et international. Il fait aussi partie des coutumes habituelles de la loi contre les promiscuités et les instincts primaires. La loi des Droits de l'Homme interdit la violence sexuelle en tout temps et en tout lieu.[138]

---

[136] Témoin global, *Le commerce des minéraux du Congo dans la balance*, 5-2011, 8-9.

[137] Clifford et Eichstead, « *Violence sexuelle en RDC* », *rapport spécial* PDF. Institute for War and Peace Reporting, Pays-Bas. Disponible à http://www.iwpr.net. Accès 10-2008.

[138] Voir 82 537.

La violence sexuelle peut être perpétrée par un parfait étranger, par quelqu'un de connu ou même un individu digne de confiance : un ami, un collègue, un membre de la famille, un partenaire ou un ex-partenaire. La violence sexuelle afflige n'importe quel être humain. Personne ne mérite de telles méconduites ou ne souhaite que ces épreuves se produisent de manière inconsidérée, surtout pendant une période aussi prolongée.

La responsabilité de tout acte de violence sexuelle est imputée à son auteur. Il ne peut réclamer une quelconque excuse pour la violence sexuelle qui n'est jamais justifiée en aucun cas. Elle n'explique jamais qu'il n'existe pas de contexte dans lequel il est valide, compréhensible ou acceptable.

En outre, l'Union Africaine condamne toutes les formes de violence sexuelle contre les femmes et les filles. Elle exhorte les États membres à criminaliser toutes les formes de violences sexuelles.[139]

---

[139] ACHPR, *Résolution des lignes directrices et des mesures d'interdiction et de prévention de la torture en Afrique, (les lignes directrices de Robben Island),* 2[Nd] édition, 90, Kairaba Avenue, Banjul Gambie, 4-2008.

CHAPITRE TROISIÈME :

LES INSTRUMENTS JURIDIQUES CONTRE LES VIOLATIONS DES DROITS SEXUELS EN RDC ET LES COMPÉTENCES DES TRIBUNAUX

3.1. Introduction

La substance de ce chapitre comprend l'analyse des instruments juridiques ainsi que des juridictions qui contribuent à poursuivre les auteurs de violations des droits sexuels. Le cadre des processus aptes au fonctionnement montre comment les juridictions appliquent les instruments juridiques mis en demeure. Légalement, toutes les sortes de violences sexuelles constituent en général des violations des droits sexuels. Elles sont prohibées sans limite aucune par toutes les instances de décisions autorisées.

La principale question de ce chapitre majeur revient à étudier la façon dont les deux juridictions, la « Haute Cour Militaire » et la « Cour Pénale Internationale » assurent des actions contre les violations de droits sexuels qui se sont produites pendant les conflits de la RDC à travers divers instruments juridiques agrémentés. Ainsi qu'il est montré dans le chapitre précédent, il existe de nombreuses descriptions de la violence sexuelle qui se commettent ou qui restent impunis par les juridictions compétentes.

En droit général, les différences attestées proviennent de l'interprétation et de l'utilisation de la loi. Mais dans le cas du droit international, l'interprétation et l'application évoluent ensemble et d'une manière identique, parce qu'ils accusent un même point de départ.

Ce chapitre portera essentiellement sur l'origine, l'organisation et le mode opératoire. En effet, il appréhende le principe selon lequel les juridictions et les institutions juridiques s'efforcent de résoudre le problème complexe des violations des droits sexuels en RDC. L'intention manifeste devrait être celle de parvenir à l'établissement de la justice entre les soldats des groupes armés et les civils victimes dans les communautés envisagées. L'objectif explicatif revient à faire face à l'épineuse question de l'impunité, laquelle érige une entrave à la véritable justice.

3.2. Les instruments juridiques de la RDC

3.2.1. La Constitution de la RDC

La première considération porte sur la Constitution du 18 Février 2006, telle que modifiée et complétée par la loi n° 11/002 20 janvier 2011. Celle-ci concerne la révision de certains articles de la Constitution de la RDC du 18 Février2006. Ce travail intéresse la pertinence de l'aspect de la violence sexuelle, en rapport avec cette Constitution. Il tente de lever les obstacles qui interdisent la prise de décisions effectives mais efficaces.

La Constitution de la RDC est la source principale de la loi congolaise. La présente étude intéresse la loi sur la violence sexuelle (promulguée en 2006). Elle s'étend aux amendements autant qu'à la modification de la loi pénale de la RDC (30-10-1940). Elle s'appesantit sur le Code de procédure (06-08-1959) qui évoque la lutte contre la violence sexuelle.[140]

L'organisation des tribunaux civils et des juridictions y afférentes est régie par la loi 82/020 du 31-03-1982, telle qu'amendée ce jour-là, y compris le code d'organisation et de compétence.[141]

---

[140] *La haute cour militaire, l'auditeur-général, juridictions et bureaux du parquet de Kinshasa-2013.* PDF. Disponible à http://www.cn.ohada.cd, accessible à 2017.

[141] Voir 125, 44.

3.2.2. La Loi militaire

La justice militaire a été dotée d'un code définitif en vertu de la loi d'ordonnance N° 72/060 du 25 Septembre 1972, pour combler les lacunes parallèles du code provisoire. Celui-ci définit les règles d'organisation et de compétence de la cour juridictionnelle. La loi 024/2002, article 169, point 7 mentionne de nombreuses formes de violences sexuelles de gravité comparable. Elles constituent des infractions en flagrance. Il s'agit d'une loi militaire fondamentale concernant les violations des droits sexuels lorsqu'elles sont commises par des militaires en fonction, et davantage, encore en faction.[142]

La pertinence résiduelle de l'ordonnance-loi 72/060 consacre la création d'un « Conseil de Guerre » et la création d'un Parquet militaire. Ces observations découlent de la loi N° 023/2002 du 18 Novembre 2002 sur le code judiciaire militaire, établi ensemble avec la loi N° 024/2002 du 18 Novembre 2002 sur le code pénal militaire. Ils instaurent le droit pénal militaire.[143]

3.3. Les instruments du droit international des Droits de l'Homme

3.3.1. La « Déclaration Universelle de Droits de l'Homme » (DUDH)

La Charte de l'ONU adoptée en 1945 affirme la base de tous les instruments juridiques ainsi que la loi internationale de Droits de l'Homme. Les directives constituent une réalisation standard commune de la loi et de

---

[142] *La violence à l'égard des femmes à l'Est de la RDC. À qui la responsabilité ? Quelle complicité ?*
Disponible à http://www.ituc.org_violence-rdc-eng-lr.PDF. ITUC. Consultée 11-2011, 27.

[143] *La Haute Cour militaire.*
Disponible à http://www.congovirtuel.com/hcm_rdc.php . Accessible à 2015.

la réglementation pour tous les peuples de tous les pays. À cette Charte s'ajoute la « Déclaration universelle des Droits de l'Homme » (DUDH) promulguée par l'Assemblée générale des Nations Unies (AGNU) en 1948. Un seul document prône l'expression concrète de tous les principes afin d'éviter le contexte des disparités qui alimentaient les horreurs de la Seconde Guerre mondiale. Il contient l'établissement des droits des êtres humains.[144]

3.3.2. Le « Pacte International de Droits Civils et Politiques » (PIDCP)

Le PIDCP a été adopté pour ratification et nouvelle acquisition par la résolution 2200 A (XXI) de l'Assemblée Générale des Nations Unies du 16-12-1966, avec l'entrée en exécution le 23-3-1976 en conformité avec l'article 49.[145]

Selon le Professeur Benyam Mezmur, le PIDCP fait apprécier le pacte international le plus important et le plus complet sur les Droits de l'Homme. Il constitue la pierre angulaire d'une vaste série de traités internationaux contraignants. Ces accords recouvrent une grande variété de questions dans le domaine des Droits de l'Homme, mais également celui des droits, des devoirs et des obligations des États membres.[146]

---

[144] Article 2 de la Déclaration sur la protection de toute personne contre l'objet d'une torture. Adopté par AGONU résolution 3254 (XXX) de 9-12-1975.

[145] DHNU, *Droits civils et politiques : le comité des Droits de l'Homme*. Fiche d'information N° 15 (Rev.1), 31.

[146] Professeur Benyam Mezmur, Module de cours d'IPHRL 814, Faculté de Droit LLM, UWC (2016).

3.3.3. La « Convention sur les Droits de l'Enfant » (CDE)

La CDE a été adopté par l'Assemblée Générale des Nations Unies le 20-11-1989. Elle fournit un cadre complet pour la sauvegarde des enfants contre toutes les formes d'actes préjudiciables. Ses 54 articles servent de jalons dans l'accomplissement et la reconnaissance des droits de l'enfant.

Selon le Professeur Julia Sloth-Nielsen, la CDE inspire une réalisation remarquable. Le fait que pratiquement tous les pays du monde se soient engagés à un code d'obligations contraignantes envers les enfants donne un immense espoir pour les projets d'avenir. Il place les droits de l'enfant à la fine pointe de la lutte mondiale pour les Droits de l'Homme. Il souligne que l'enfant, en raison de son immaturité physique et mentale, éprouve le besoin de garanties spéciales, de soins palliatifs et d'une préservation juridique appropriée.[147] Le principe en lui-même demeure intangible.

3.3.4. La « Charte Africaine des Droits de l'Homme et des Peuples » (CADHP)

La CADHP (la Charte africaine) est le principal instrument de la justice africaine, lequel définit tous les droits des peuples en Afrique selon l'esprit de la Charte universelle des Nations Unies. Dans le champ de ses actions, le principal instrument complémentaire de la justice dispose de la Charte africaine pour la conservation des droits des enfants et les femmes. Ces conclusions jettent le dévolu sur les bases essentielles des protocoles envers la

---

[147] Professeur Sloth-Nielsen J., Module de cours CR 817, Faculté de Droit, UWC LLM (2016).

Charte Africaine sur les Droits Humains et des Peuples. Elles sont contenues dans le « Protocole de Maputo ».[148]

Les lignes directrices portent sur la lutte contre la violence sexuelle et ses conséquences désastreuses en Afrique.[149] La « Charte Africaine des Droits et du Bien-être de l'enfant »[150] insiste sur la résolution subalterne qui reprend les lignes directrices susmentionnées, aussi bien que les mesures d'interdiction et de prévention de la torture, des traitements ou des peines cruelles, inhumaines et dégradantes.[151]

Le « Protocole de Maputo » de 2003 définit la discrimination à l'égard des femmes portant toutes les distinctions : exclusion ou restriction potentielle. Mais également tout traitement différentiel fondé sur le sexe et dont les objectifs ainsi que les effets compromettent ou contredisent la reconnaissance, la jouissance, en même temps que l'exercice par les femmes elles-mêmes.

Ces faits sont indépendants de leur état matrimonial, des Droits de l'Homme et des libertés fondamentales dans tous les domaines de la vie.[152]

---

[148] CADHP, *Déclaration sur les Droits et le Bien-être de l'Enfant Africain* (AHG/ST.4 Rev.1), adopté à Addis-Abeba, à l'UA Doc. CAB/LEG/24.9/49 (1990).

[149] CADHP, *Résolution des lignes directrices et des mesures d'interdiction et de prévention de la torture en Afrique, (les lignes directrices de Robben Island),* 2[Nd] édition, 90, Kairaba Avenue, Banjul Gambie, 4-2008.

[150] Armstrong D, Farrell T. et Lambert H., *Droit international et Relations Internationales*, Université de Cambridge, Londres 2012, 153.

[151] CADHP, *Protocole à CADHP sur les droits des femmes en Afrique,* adoptés par la 2nde session ordinaire de l'« Assemblée de l'Union à Maputo », 11-7-2003.

[152] CADHP, *Lignes directrices sur la lutte contre la violence sexuelle et ses conséquences en Afrique, adoptées à 60e session ordinaire qui s'est tenue à Niamey,* Niger, de 8 à 22-5-2017.

La « Charte Africaine sur les Droits humains et des droits des personnes » de 1981 traite des torts spécifiques : génocide, torture, discrimination raciale. Elle vise aussi la sauvegarde des catégories spécifiques de personnes, réfugiés, femmes, enfants, travailleurs migrants.[153]

3.3.5. « La Convention sur l'Élimination de la Discrimination à l'égard des Femmes » (CEDF)

La CEDF de 1979 est l'instrument principal qui décrit la façon de lutter contre les pratiques néfastes, en particulier lorsqu'elles affectent négativement les droits fondamentaux des femmes et des filles.

La Recommandation générale n° 19 adoptée par la CEDF en 1992, précise que la violence basée sur le genre constitue une discrimination au sens de l'article 1 de la Convention. Cette désignation de violence fait référence à celle exercée contre une femme, parce qu'elle est une femme.[154]

3.3.6. La « Convention de Kampala » de 2009 (CK)

La Convention de l'Union Africaine pour sécuriser et porter assistance des personnes déplacées en Afrique offre une nouvelle approche des instruments afin de protéger les droits des personnes déplacées au cours des conflits armés. La plupart des actions opèrent à l'instigation de son article 7.4., lorsqu'elle inculpe pénalement les responsables et les membres actifs des groupes armés. L'article 9.1 examine la violence sexuelle ou bien celle basée sur le genre sous toutes ses formes.

---

[153] Voir 141, 4.

[154] ONU, recommandation générale no 19 de la commission sur l'élimination de la discrimination à l'égard des femmes, par suite 7, 1992.

3.3.7. Les quatre « Conventions de Genève » de 1949 (CICR)

Les « Conventions de Genève » et leurs deux protocoles additionnels de 1977 concernent la défense des civils pendant la guerre. Ces organes portés par le CICR, condamnent implicitement et explicitement le viol ou d'autres formes de violences sexuelles.[155]

Dans la situation de la guerre, comme celle du conflit en RDC, l'article 2 de ces quatre Conventions est appliqué à la lettre. Comme supplément à ces dispositions, les Conventions fonctionnent dans toute forme de guerre déclarée ou non-déclarée.[156]

À la lumière du « Droit International Humanitaire appliqué »[157] durant la période des conflits, l'évaluation générale montre que toutes les parties II des Conventions de Genève (articles 13, 14, 16, 18, 24, 25 et 26)[158] autant que les Protocoles additionnels aux Conventions de Genève (articles 50, 51, 52, 54, 57, 59, 60, 61, 62 et 76)[159], ne sont pas correctement observées.

Les articles 76 et 77 des Protocoles Additionnels prévoient des mesures « spéciales » de protection en faveur des femmes et des enfants. La spécificité de ces deux articles recommande que les femmes et les enfants deviennent des bénéficiaires spéciaux du respect et du salut des paysans persécutés pendant les conflits armes.[160]

---

[155] CICR, *les Conventions de Genève du 12 août 1949*, (2010), 31.
[156] Voir 148, 151.
[157] Prof. Van der Poll L. Module de cours IHL 810, Faculté de Droit, UWC LLM (2016).
[158] Voir 148, 156 -160.
[159] CICR, *Protocoles additionnels à la Conventions de Genève du 12 août 1949*, (2010), 37-58.
[160] Voir 137.

3.3.8. La « Convention Contre la Torture » (CCT)

La Convention contre la torture et autres traitements cruels, inhumains, dégradants ou de punition (CT) a été adoptée par l'Assemblée Générale des Nations Unies le 10 Décembre 1984 (Résolution 39/46). La « Convention contre la Torture » a été initiée en mode préventif après l'adoption de la Déclaration sur la protection des personnes qui risquent la torture en toute circonstance. Leur caractère persuasif a été déclaré cruel, inhumain ou traitement dégradant.[161]

3.3.9. Le Statut de Rome

Le Statut de Rome de la CPI, ratifié le 11 Avril 2002, fournit une spécificité juridique à propos du « Statut des violences sexuelles » en droit international. Il s'agit du premier traité international à reconnaître un large éventail de crimes sexuels violents parmi les infractions internationales les plus dispensées par les institutions. En une manière décisive de précaution, il peut être considéré comme significatif le droit international coutumier en ce qui concerne la violence sexuelle, lorsqu'elle est considérée comme crime de guerre et crime contre l'humanité. L'article 7 (1) (g) du Statut de Rome détermine une formulation irrévocable des crimes contre l'humanité. L'article 8 confirme que le viol et d'autres formes de violence sexuelle constituent une violation grave des Conventions de Genève.

Cependant, le viol et la violence sexuelle en tant que crime international, relèvent de la jurisprudence du TPIY et du TPIR. Ces deux tribunaux ont considérablement fait avancer le crime de viol en lui permettant d'être poursuivi en qualié de génocide, crime de guerre et crime contre

---

[161] Hans Danelius, *Les Conventions de torture du 10-12-1984*, New York, États-Unis, 2007.

l'humanité. Les éléments susmentionnés soulignent le fait exact que le droit international fournissait différentes couches de recommandations qui devaient ensuite être mises en œuvre au niveau national des juridictions congolaises.

3.4. Les juridictions contre les violations des droits sexuels en RDC

3.4.1. Haute Cour Militaire (HCM)

Les règles d'organisation et de compétence militaire viennent juste de reconnaître l'obligation pour guider le HMC. Elles évaluent la place exacte de chaque tribunal militaire ainsi que les pouvoirs qui leur sont dévolus. L'organisation débute par la plus haute juridiction des forces armées. C'est elle qui persuade la haute cour militaire, à travers les tribunaux intermédiaires. Elle consacre la prééminence des tribunaux militaires et se termine aux instances de la police.[162]

3.4.1.1. Création

Les réformes qui ont aboli la Cour d'Ordre Militaire (COM) ont également créé la Haute Cour Militaire (HCM). Elles sont établies dans la loi 023/2002 du 18-11-2002 sur le Code de la magistrature militaire et la loi N° 024/2002 du 18-11-2002 autour du code criminel militaire.[163] En ce qui concerne la loi-cadre N° 023/2002, le code judiciaire militaire et la justice militaire sont rendus en RDC par les juridictions militaires suivantes :

- la cour de la police-militaire ;
- le tribunal de la garnison militaire ;

---

[162] *La HCM.* Disponible à http://www.congovirtuel.com, accessible à 2015.

[163] *L'organisation et la compétence des tribunaux des juridictions militaires en RDC.*
Disponible à http://www.cno.ohada.cd, accessible à 2017.

– et la haute cour militaire.[164]

3.4.1.2. Fonctionnement

Ces limites doivent être fournies par la loi. Elles sont nécessaires pour protéger la sécurité nationale. Elles assurent l'ordre public, la santé publique et la gestion morale, ou les droits et la liberté d'autrui.[165] La composition de la HCM appuie le principe de deux chambres ou davantage. Il est composé de cinq membres, rehaussés des grades de Généraux ou d'Officiers supérieurs. Elle inclut les deux juges de carrière. Ces derniers bénéficient de l'assistance du Ministère Public et celle des Magistrats.[166]

Les tribunaux militaires sont compétents pour les infractions confirmées. Ils fixent les cadres d'un acte qui décrit l'une des composantes instituées en RDC. La compétence territoriale de chaque juridiction militaire est certifiée en fonction de l'endroit où l'infraction a été commise, ainsi que du lieu où le défendeur a été trouvé.[167] La HCM dispose de la compétence juridictionnelle en ce qui concerne les officiers des forces armées, les membres de la police nationale et le service national lorsqu'ils détiennent un grade équivalent.[168]

À la lumière des textes précités, la HCM possède toutes les capacités et les compétences de poursuivre un délinquant. Elle est accréditée de la possibilité pour punir toutes les infractions et violations des droits sexuels

---

[164] *Loi N° 023/2002 du 18-11-2002 sur le code judiciaire militaire*, Articles 1-2. Disponible à http://www.droitcongolais.info/files/HMC, consulté 11-2002.

[165] Armstrong A. et R.T. Nhlapo, *La loi et le sexe, la position juridique des femmes au Swaziland*, Université Kawluseni Swaziland, 1985, 215.

[166] *Voir* 155.

[167] Voir 156.

[168] *Rapport d'évaluation des juridictions et des bureaux de parquet de Kinshasa et le CNG de la RDC*, 6-2013. PDF, 56. Disponible à http://www.droitcongolais. info/files/HMC, consulté 7-2013.

conformément aux lois, selon le principe que nous sommes tous soumis à la loi.

3.4.1.3. Certains cas décidés

Il existe quelques cas effectifs qui illustrent la manière dont la justice est rendue :

– les Procureurs militaires de la Haute Cour Militaire ont ouvert des enquêtes judiciaires préliminaires à Bushani et Kalambahiro sous la référence N° RMP 0236/MLS/011 le 4-02-2011 avec le soutien de la MONUSCO ;

– le 10-02-2011, le parquet militaire du Nord-Kivu a émis un ordre exigeant que les commandants soient mis à disposition pour interrogatoire. Cependant, les officiers armés n'ont pas été mis à disposition ni interpellés pour leurs délits. Ils n'ont même pas été interviewés par la justice militaire sur ces dossiers ;[169]

– ce manque de coopération entrave les efforts visant à lutter contre l'impunité pour les auteurs présumés de violations des Droits de l'Homme, ainsi que la mise en œuvre de la politique zéro-tolérance décrétée par le Président de la République le 5-7-2009 ;[170]

– l'accusation de viol et des abus contre des civils à Fizi en 2014 révèle le cas dans lequel un Commandant relativement haut placé responsable des viols collectifs a été arrêté et poursuivi ;

– le tribunal militaire du Sud-Kivu a déclaré neuf soldats, dont le lieutenant-colonel Kibibi, coupables de crimes contre l'humanité. Ils ont été condamnés à 10 à 20 ans de prison. Une femme victime avait témoigné au procès contre Kibibi et les autres soldats :

---

[169] La CDH et la MONUSCO, *Rapport sur les missions d'enquête du Bureau conjoint des ressources de l'ONU sur les viols autres violations des DH, Nord-Kivu, le 31 Décembre 2010 et 1er Janvier 2011*. États-Unis 7-2011.

[170] Le 5 juillet 2009, le président Joseph Kabila a publié un décret définissant une politique de tolérance zéro pour les violations des Droits de l'Homme, y compris les actes de violence sexuelle commis par des membres des forces armées.

« Mais nous avons été menacés par d'autres soldats qui sont toujours là », a-t-elle ajouté. *« Ils ont dit qu'ils nous tueraient parce que c'est nous qui avons accusé leurs collègues. Pour moi, neuf [soldats condamnés] ne suffisent pas. Il y en avait beaucoup qui ont commis des crimes ».*[171]

– la condamnation du brigadier-général Jérôme Kwakavu qui devenait le premier Général Congolais à être trouvé coupable de viol et assassinat en 2014 et plusieurs autres colonels ;[172]

– le 20-11-2013, le tribunal militaire opérationnel avait entamé le procès de 39 soldats, dont cinq officiers de haut rang, pour crimes contre l'humanité et crimes de guerre. Le verdict du 5-5-2014 a été prononcé et seuls deux soldats subalternes ont été reconnus coupables de viol. En outre, 22 soldats ont été reconnus coupables de pillage et de désobéissance aux ordres et un seul de meurtre. Treize autres officiers ont été acquittés ;[173]

– le procès des incidents de Minova : les procédures ont ordonné des mesures de sécurité pour les victimes des violences sexuelles à huis clos. L'injonction permettait aux victimes de cacher leurs faces lors de la comparution en tant que témoins de l'accusation. La participation des victimes aux séances publiques du tribunal s'annonçait déterminante. Des cas d'ingérence de hauts fonctionnaires ont été signalés.[174]

Les procès antérieurs montrent la justice dans un environnement inadéquat qui n'autorise pas à ces juridictions de fonctionner correctement. En conséquence,

---

[171] HRW, *RDC, La fin de l'impunité pour la violence sexuelle : besoin pour un nouveau mécanisme juridique pour traduire les responsables en justice.* Disponible à http://www.hrw.org, accessible au 10-4-2014, 14.

[172] *Mettre fin au viol et à l'impunité pour les violences sexuelles en RDC*. Disponible à http://www.stopdrcsexualviolence.com, consulté 6-2017.

[173] Voir 164.

[174] Voir 31.

il existe de nombreux cas non enregistrés en fonction de deux perspectives diamétralement opposées : horizontale et verticale.

Les raisons horizontales se trouvent elles-mêmes affaiblies dans la tradition locale, lorsque les filles et les femmes craignent de signaler les cas des violences parce qu'elles ne veulent pas être rejetées par les familles et les communautés ambiantes. Les raisons verticales sont basées sur la peur des représailles et la vengeance des soldats quand ils sont indexés et rapportés pour avoir agressé sexuellement des civils.

3.4.1.4. La HCM et la violation des droits sexuels

En vertu du droit international, les États ont une obligation d'enquêter sur les violations du DIH et de la loi des Droits de l'Homme. Ils sont astreints à prendre des mesures appropriées à l'égard des auteurs. Ils ont en charge de veiller à ce qu'ils soient poursuivis, jugés et condamnés. Ils s'engagent à fournir aux victimes des recours efficaces. L'impunité alléguée avalise donc un échec des États à s'acquitter de ces obligations.[175]

Ainsi donc, pour le gouvernement de la RDC, le combat périodique continue à détruire les efforts de lutte contre les viols et les violences sexuelles. Cependant, beaucoup de travail a été accompli pour rendre justice aux victimes et mettre fin à l'impunité en punissant tous ceux qui commettent des crimes. L'engagement pris par le gouvernement de la tolérance zéro à l'égard de cette atrocité pandémique semble bien documenté.[176]

---

[175] Beigbeder Y, *Juger les criminels de guerre : la politique de la justice internationale*, Palsgrave, NY, USA 1999, 125.

[176] Ouverture du Bulletin des jugements de la Haute Cour Militaire sur la violence à l'égard des femmes. *Mettre fin au viol et à l'impunité pour les violences sexuelles en RDC*.
Disponible à http://www.stopdrcsexualviolence.com/vernissage-bulletin. Consulté en Mai-2015.

La RDC vit une véritable contradiction entre ce que les autorités ont officiellement annoncé et ce qu'elles ont réalisé sur le terrain. La ministre Mabunda avait déclaré :

> « Le message est clair. Personne, personne du tout, quel que soit le niveau de son rang ou l'étendue de son influence, (...) nous croyons fermement que la poursuite d'auteurs de tous les grades dans l'armée, est une étape cruciale dans la lutte pour la justice à l'égard des victimes et il est donc important de souligner les progrès que nous faisons ».[177]

Les déclarations de la ministre Mabunda contiennent une promesse subliminale vide de sens, parce que le gouvernement ne fournit pas d'efforts suffisants pour réaliser ses promesses. Elle ne donne pas l'urgence nécessaire aux Procureurs de poursuivre librement leur travail. Au cours des enquêtes sur les agents présumés, le gouvernement empêche toutes les décisions légitimes d'agir selon les objectifs assignés à la fonction. La justice Congolaise a du mal à surveiller et à suivre les cas de violence sexuelle. Elle se trouve empêtrée dans des contradictions flagrantes lorsqu'elle doit s'assurer que les allégations contre des hauts responsables de l'armée sont exécutées. Cet embarras constitue une lacune vécue par le Gouvernement Congolais dans la mise en œuvre de la loi concernant la violence sexuelle.

Ensuite, les victimes n'ont pas facilement accès à la justice elle-même. Certains obstacles sont souvent érigés de façon arbitraire :

- la pauvreté et l'ignorance de la loi ;
- l'insuffisance et la distance géographique des juridictions ;
- le dépôt d'une plainte contre une personne inconnue ;
- la méfiance dans le système de justice ainsi que dans la sécurité contredite par la peur des représailles.

---

[177] Voir 169.

Le système judiciaire congolais est décrit comme faible et dépourvu d'indépendance. Cette déficience a rendu de nombreux cas d'enquêtes non déclarés ou non convaincus. Les Officiers protègent leurs soldats de la justice et les préservent des sanctions méritées. Ils interfèrent pendant les enquêtes et les procès. Ils facilitent l'évasion quand les coupables sont jetés en prison. En outre, presque toutes les poursuites militaires pour violence sexuelle ont été intentées par des soldats de rang inférieur. Lorsque des agents de niveau intermédiaire ou supérieur sont poursuivis, les peines sont rarement exécutées. L'exigence légale selon laquelle le Juge le plus haut placé doit être de rang égal ou supérieur à celui de l'accusé impose un facteur qui contribue au faible nombre de procès contre des officiers de haut rang.[178]

En outre, les femmes voient dans un procès public une occasion pour diffamer leur réputation. Elles n'acceptent pas facilement cet état d'esprit. Il conviendrait de noter que les nouvelles lois sur la violence sexuelle permettent au Juge de déclarer l'audience à huis clos à la demande du Procureur ou de la victime.[179]

Malgré les dispositions anticipées, les suspects nouent des alliances solides. Ils entretiennent toute une galaxie de groupes qui se rattachent aux cellules embryonnaires. Ils exploitent des mines dans le Walikale et le sud du Lubero. Ils imposent aux populations locales sous leur coupe des taxes injustifiées. Ils se réservent l'importation de certains biens recherchés comme les cigarettes et les boissons étrangères. Ils construisent des campements viables, des pépinières achalandées, et même un hôtel de standing moyen. Les membres des milices organisent un service de communication et de propagande qui publie des photos et

---

[178] Voir 89, 27.
[179] Voir 125.

des vidéos sur leurs activités illicites. Ils diffusent des informations tendancieuses les concernant et leurs cartels recourent aux technologies électroniques les plus performantes en toute insolence. Ils maintiennent des sites illégaux sur toute la panoplie de l'*Internet.*

3.4.2. La Cour Pénale Internationale

La CPI est un tribunal international qui siège à La Haye au Pays-Bas. Il dispose de la compétence de juridiction pour poursuivre les individus pourchassés suite aux crimes internationaux. La CPI a pour mission de compléter les systèmes judiciaires nationaux existants. Elle n'exerce donc sa compétence que lorsque certaines conditions sont remplies.[180]

3.4.2.1. La CPI et la RDC

En avril 2002, la RDC avait ratifié le Statut de Rome. En avril 2004, elle a renvoyé la situation sur son territoire aux juridictions compétentes, alors qu'elle dépendait de la CPI depuis le 1-7-2002. En vertu du principe de complémentarité domestique du Statut de Rome, les tribunaux nationaux réitèrent l'obligation de rendre la justice selon les prescriptions légales, afin que la CPI reste un tribunal de dernier recours. [181] Ils exécutent leurs attributions en conformité avec les organes de décisions pénales.

3.4.2.2. Le Fonctionnement de la CPI

La compétence en la matière de la Cour fait référence aux crimes énumérés à l'article 5 du Statut et définis comme suit :

– génocide (article 6),

---

[180] CPI, Cour Pénale Internationale. Disponible à http://www.icc-cpi.intConsultée 11-2015.

[181] La *situation en RDC*. Disponible à http://www.icc-cpi.int/courtstructure, ICC-01/04, consulté à 6-2004.

– crimes contre l'humanité (article 7),
– crimes de guerre (article 8)
– et crimes d'agression (article 8).[182]

Les enquêtes de la CPI ont porté sur les présumés crimes commis principalement dans l'Est de la RDC. Les observateurs avaient abordé un certain nombre de cas conformes à ces préalables, au point d'impliquer les accusations qui incluent les crimes suivants :

– **Crimes de guerre** : l'enrôlement et le recrutement des enfants-soldats, les meurtres, les tueries volontaires, les attaques des civils, l'esclavage sexuel des civils, le pillage, le déplacement de civils, l'attaque d'objets protégés, la destruction de biens ; les outrages contre la dignité personnelle.[183]

– **Crimes contre l'humanité** : les meurtres et les tentatives de meurtre, les tortures, les viols, l'esclavage sexuel, les actes inhumains, la persécution, le transfert forcé des populations, les attaques des populations civiles ; les mutilations et les traitements cruels.[184]

Selon le Statut de Rome, le Procureur peut ouvrir une enquête lorsqu'il tiendra compte de la gravité du crime et des intérêts des victimes. En outre, le Procureur prend la décision dans le cas où une poursuite servirait les intérêts de la justice par des initiatives maladroites. La délibération tient compte de toutes les circonstances imputées à l'auteur présumé.[185]

3.4.2.3. Certains cas décidés et des cas en instance

Jusqu'à ce jour, la CPI a traité 6 cas : 1 procès en cours, 7 mandats d'arrêt, 3 accusés en détention, 1 suspect en fuite, 1 cas d'appel, 1 suspect en garde à vue. À savoir :

---

[182] La CPI. Disponible à http://www.icc-cpi.int, consulté au 17 novembre 2017.
[183] Voir 175.
[184] Voir 175.
[185] Statut de Rome, Articles 53 (1c) et 53 (2c). La CPI, intérêts de la justice. Disponible à http://www.icc-cpi.int, consulté au 17-11-2017.

– **Thomas Lubanga** : réparation et indemnisation.
L'accusé a été reconnu coupable le 14-03-2012 des crimes de guerre pour enrôlement illicite et engagement des enfants soldats. Il a été condamné le 10-7-2012, à un total de 14 ans d'emprisonnement. Le verdict et la sentence ont été confirmés par la Chambre d'appel le 1er/12/2014. L'étape suivante : Audiences et décision sur les réparations dues à la victime.[186]

– **Bosco Ntanganda :** Procès.
Le procès s'est ouvert le 2-09-2015. Le prévenu est à présent détenu par la CPI où il fait face à des accusations de crimes de guerre et de crimes contre l'humanité. Les faits indexés touchent des domaines avérés : meurtre présumé, viol, esclavage sexuel, recrutement et utilisation d'enfants soldats, et pillage en Ituri, de 2002 à 2003. L'étape suivante : Procès continues.[187]

– **Germain Katanga :** réparation et indemnisation.
L'accusé a été reconnu coupable le 7-03-2014, en tant que complice d'un chef d'accusation de crime contre l'humanité (meurtre) et de quatre chefs d'accusation de crimes de guerre commis le 24-02-2003 : meurtre, attaque d'une population civile, destruction de biens et pillages. Le jugement est définitif, puisque la Défense et le Ministère public ont retiré leurs appels les 25-06-2014. Il a été condamné à un total de 12 ans d'emprisonnement. Un ordre sur les réparations de la victime a été édicté le24-03-2017.2017.[188]

– **Callixte Mbarushimana** : accusations non confirmées.
La chambre préliminaire 1 a refusé de confirmer les charges faute de preuves suffisantes et n'a pas transmis le cas devant le procès. L'appel de l'Accusation a été rejeté. Les 23-12-

---

[186] Cas de Lubanga. Disponible à https://www.icc-cpi.int/drc#cases, consulté au 11-2017.

[187] Cas de Bosco Ntaganda. Disponible à https://www.icc-cpi.int/drc/ntaganda, consulté au 11-2017.

[188] Cas de Germain Katanga. Disponible à https://www.icc-cpi.int/pages/item.aspx/pr1288, accessible au 11-2017.

2011, la CPI a inculpé ce dirigeant des FDLR pour crimes de guerre et crimes contre l'humanité au Congo.
L'étape suivante : Le cas est considéré clôturé.[189]
– **Sylvestre Mudacumura** : pré-procès.
Un mandat d'arrêt a été délivré contre lui le 13-07-2012. Le suspect est toujours en fuite. Le commandant militaire de ce FDLR a commis des crimes de guerre : des meurtres, des mutilations, des viols, des actes de torture, des traitements cruels et des pillages commis en 2009 et 2010 par les troupes sous son commandement. Il a été attrapé et exécuté par les forces des FARDC dans le territoire de Rutshuru le 17 Septembre 2018, en compagnie de ses lieutenants appréhendés également.
Les prochaines étapes : rien jusqu'à ce qu'il soit arrêté et transféré au siège de la Cour.[190]
– **Ngudjolo Chui :** il est acquitté.
Les 18-12-2012, le procès à la Chambre 2 l'a acquitté des accusations de crimes de guerre et de crimes contre l'humanité. Le Tribunal a ordonné sa libération immédiate. L'accusation a interjeté l'appel du verdict du 20-12-2012. Les 27-02-2015, le verdict a été confirmé par la Chambre d'appel.
La prochaine étape : affaire classée.[191]
– **Innocent Ziimurinda** : il y a un cas compliqué et toujours en instance. Aucune enquête judiciaire ne lui a été transmisesur des abus répétitifs et constitue des crimes contre l'humanité et des crimes de guerre en vertu du droit international. Cet ancien lieutenant-colonel du CNDP a directement ordonné le meurtre des personnes prises en tenailles par leurs unités de combat, y compris les réfugiés. En mai 2013, les autorités Congolaises ont émis un mandat

---

[189] Cas de Mbarushimana. Disponible à https://www.icc-cpi.int/drc/mbarushimana, accessible à 2017.
[190] Cas de Mudacumura. Consulté à https://www.icc-cpi.int/drc/mudacumura, accessible à 2017.
[191] Cas de Ngudjolo. Disponible à https://www.icc-cpi.int/pages/closed/aspx, accessible à 2017.

d'arrêt. Au moment d'écrire ces lignes, il est supposé qu'il soit probablement protégé au Rwanda.[192]

– **Ignace Murwanashyaka et Straton Musoni :** les deux dirigeants politiques des FDLR, ancien président et vice-président[193] Ils ont été arrêtés en France, extradés pour être jugés par la CPI en vertu de la législation Allemande sur la compétence universelle du 28-09-2015 en raison des crimes commis par les troupes des FDLR au Congo entre 2008 et 2009.[194] Ils sont condamnés à 13 et 8 ans de prison. Les deux hommes ont été inculpés de 26 crimes contre l'humanité et 39 crimes de guerre ainsi que de commandement d'une organisation terroriste à l'étranger.[195]

3.4.2.4. La CPI et la violation et des droits sexuels

« Tous les droits humains sont universels, indivisibles et interdépendants ». Les attributs qualifiés comprennent les droits à la vie, à la liberté et à la sécurité. Ils s'étendent à l'égalité devant les tribunaux, à la réunion pacifique, au mariage, à la liberté de fonder une famille et à procéder aux opérations de vote.[196]

La violence sexuelle basée sur le genre à l'égard des femmes, comprend :

– le viol, l'esclavage sexuel, la prostitution forcée,
– la grossesse forcée et la stérilisation ou l'avortement,
– les crimes de torture sexuelle, l'humiliation sexuelle et la nudité forcée.

---

[192] *RDC, mettre fin à l'impunité de la violence sexuelle*. Disponible à http://www.hrw.org/news, consulté 10-6-2014.

[193] CPI, Procès international.
Disponible à http://www.trialinternational.org/latest-post, consulté 4-2018.

[194] *RDC : la Cour Allemande condamne 2 chefs rebelles rwandais*. Disponible à http://reliefweb.int, consulté 4-2018.

[195] La condamnation de Murwanashyaka et Musoni. Disponible à http://www.cnlg.gov.rw.news, consulté 4-2018.

[196] Armstrong A et Nhlapo RT, *La loi et le sexe. La situation juridique des femmes au Swaziland*, Kalwuseni, Université du Swaziland 1985, 215.

Contre les hommes, la violence sexuelle est basée sur le genre. Elle inclut le viol anal et oral, la torture sexuelle, la castration ou les coups génitaux, la nudité forcée et la masturbation.[197]

Concernant les poursuites et les condamnations consécutives, l'expérience de la CPI mais aussi celle des tribunaux internationaux *ad hoc,* démontrent qu'il n'existe pas souvent une preuve concluante d'ordonnancement qui invite à commettre des violences sexuelles basées sur le genre. Étant donné que la CPI se concentre principalement sur les crimes perpétrés par les personnes jugées « les plus responsables », il est extrêmement difficile de lier les crimes sexuels commis par des soldats ou des rebelles à l'accusation avec la responsabilité de commandement.[198]

En RDC, de nombreux cas attestés de crimes sexuels commis sur des femmes et des filles ne sont pas encore résolus. Les auteurs de ces crimes sont en cours d'exécution en tant que personnes libres. Les pressions juridiques ne se sont pas suffisamment exercées pour entraîner des mesures rapides prises contre les exécutants. Le système fonctionnel de la CPI se concentre sur les responsables. Il ne peut pas fonctionner avec succès en ce qui concerne de nombreux groupes indépendants soutenus par certains gouvernements ou d'autres mouvements similaires.

Ce malentendu persiste à chaque fois que les dirigeants sont appréhendés par la CPI, alors que les groupes survivent et continuent de harceler des régions entières. Ainsi, les quelques actions en justice de la CPI n'ont aucun impact sur les groupes ou sur les victimes. Il est donc impossible d'éliminer la violence sexuelle par des méthodes aussi

---

[197] Philip Schulz, *Qu'est-ce que la violence sexuelle basée sur le genre exactement ? La CPI et les crimes de violence sexuelle et sexiste.* Disponible à http://www.icc-cpi.int, consulté au 25-3-2015.
[198] Voir 188.

timides et souvent laxistes et trop permissives. L'intention de compléter la compétence nationale existante consacre une bonne idée. Elle conserve la prérogative pour soumettre les inculpés aux contraintes judiciaires. Cependant, elle n'est pas à considérer comme un succès, parce que les juridictions congolaises ne fonctionnent pas correctement.

Le Professeur Sloth-Nielsen a démontré que les lois nationales et internationales n'alignent après tout que des mots sur le papier. Ils peuvent codifier les attitudes, mais les résultats réels dépendent de la façon dont ils sont mis en œuvre. Ils veulent assurer promptement le suivi des procédures, car ils permettent d'atteindre les idéaux lointains fixés au préalable.[199] Il est possible de soutenir la CPI, si l'objectif est rendu juste avec le bilan des actions menées conjointement : 6 officiers arrêtés. Les résultats paraissent somme toute infructueux. Ce seul fait ne provoque pas d'impact sur les actions de la CPI, et l'aboutissement réel n'est pas ressenti sur le terrain par les deux parties, les auteurs et les victimes.

Ce qui confirme surtout la réussite de ces groupes, selon le GEC, reste l'impunité dont ils bénéficient face à un État défaillant. Leurs campements selon leur hiérarchie militaire sont connus. Les spécialistes publient d'ailleurs des cartes détaillées et des organigrammes, mais il ne s'en suit presque jamais une stratégie pour cibler les opérations de l'armée congolaise ou de la MONUSCO. Les arrêtés requis sont souvent modifiés *a posterior,* sans aucun préalable judicieux.

---

[199] Professeur Sloth-Nielsen J., *La contribution des droits de l'enfant aux reconstructions de la société : certaines implications de la constitutionnalisation des droits de l'enfant en Afrique du Sud.* Article publié dans L'International Journal of 'Children's Rights', Kluwer Law International. Pays-Bas 1996, 323.

3.5 Le système de justice pour mineurs

La thématique a été déjà abordée dans ce travail. La justice pour les enfants travaille sur deux niveaux : le premier considère les auteurs, ceux qui ont violé d'autres enfants et des adultes. Le deuxième niveau évoque les enfants victimes qui ont été enlevés pour servir d'esclaves sexuels.

À ce deuxième niveau, la loi condamne toute personne qui cause de la torture aux enfants. Dans la CDE, les quatre principes cardinaux sont énumérés comme suit :

– la non-discrimination pour les meilleurs intérêts ;

– le droit à la vie, à la survie et au développement ;

–le respect des opinions de l'enfant ;

– la barrière des enfants contre la violence et la pratique néfastes.

Les articles 19 et 24 exigent de l'État qu'il interdise toute forme de violence contre les enfants.[200]

De la même manière, l'article 39 de la CDE préconise la réadaptation des enfants victimes. Il s'agit de la récupération physique et psychologique par l'intégration sociale pour les enfants lorsqu'ils se trouvent en situation d'urgence. Des dispositions complémentaires sont proposées pour des enfants en conflit avec la loi à cause des abus de drogues, et surtout de l'exploitation illicite dans les carrières minières.[201] Les performances des décideurs se prolongent parfois aux confins de l'irréel.

Les Juges de La Haye au Tribunal International pour crimes de guerre ont accordé 10 millions de dollars de réparations historiques à des « centaines ou des milliers » d'anciens enfants-soldats. Ces derniers avaient été brutalisés et stigmatisés, après leur enrôlement dans un

---

[200] Voir 63, 579.

[201] Voir 193.

groupe armé par Thomas Lubanga, jugé responsable de l'indemnisation.[202]

Jusque récemment, la violence contre les enfants pendant le conflit armé est restée largement impunie et les auteurs de ces crimes n'ont pas été traduits en justice.[203] Les enfants-soldats sont toujours utilisés par leurs bourreaux éventuels. L'Ituri demeure « une province militarisée à l'excès », où le recrutement d'enfants reste répandu.[204]

Le dernier niveau concerne les enfants en conflit avec la loi. Il peut y avoir une méconnaissance ou une ignorance de la loi. Les enfants ne se doutaient pas qu'ils seraient tenus responsables des crimes conformément à la loi. Dans leurs meilleurs intérêts, la loi prévoit clairement une norme positive afin de minimiser et d'abolir l'impact négatif des pratiques néfastes telles que la violence sexuelle des enfants sur les femmes adultes ou les filles.

La controverse sur l'implication des enfants dans les conflits armés est un problème aigu en Afrique, au-delà des frontières nationales des délinquants. La Charte Africaine des droits et du bien-être de l'enfant (CADBE) aborde l'affaire stipulée par la législation de front. L'article 22(2) prévoit une interdiction générale du recrutement d'enfants dans les forces armées.[205]

L'article 40 de la CDE relatif à la justice pour mineurs garantit la sécurité consécutive à des attitudes caractérisées de récidive :

---

[202] CPI *enfants victimes récompensés*. Disponible à http://www.icc-cpi.intConsultée 4-2018.

[203] *Les enfants et la justice.*
Disponible à https://childrenandarmedconflict.un.org, marc 2015.

[204] Voir 195.

[205] Benyam Mezmur, *La Charte Africaine de l'enfance contre la Convention des Nations Unies relative aux droits de l'enfant : un jeu à somme zéro ?* Inédit UWC, Cape Town, SA 2008, 21.

(a) aucun enfant ne doit être allégué, accusé ou reconnu comme ayant enfreint le droit pénal en raison d'actes ou d'omissions qui n'étaient pas interdits par la loi ;
(b) Chaque enfant allégué ou accusé bénéficie au moins des garanties suivantes :
(i) pour être présumé innocent jusqu'à preuve du contraire selon la loi ;
(ii) pour être informé rapidement et directement des accusations portées contre lui ;
(iii) pour que l'affaire soit tranchée sans délai ;
(iv) ne pas être obligé de donner témoignage ou d'avouer la culpabilité ;
(v) avoir cette décision et toutes les mesures imposées dans la conséquence examiné ;
(vi) pour profiter de l'assistance gratuite d'un interprète ;
(vii) faire respecter pleinement sa vie privée à toutes les étapes de la procédure.[206]

En vertu de la loi sur la protection de l'enfant, les tribunaux pour les enfants ne peuvent pas tenir ceux-ci pénalement responsables d'une infraction commise alors qu'ils étaient âgés de moins de 14 ans : Loi N° 09/001 du 10/01/2009, article 95. Le Comité des Nations Unies des droits de l'enfant s'est dit préoccupé du le fait que des enfants de moins de 14 ans étaient inculpés en raison de l'échec de la RDC à mettre en œuvre cette législation. (CRC/CO/2, 2/10/2009, paragraphe 90).[207]

Les enfants-soldats ne devraient pas être poursuivis pour des crimes qu'ils ont commis lorsqu'ils étaient mineurs. Ils ne peuvent être responsables que des crimes commis à partir de l'âge de la responsabilité criminelle (15 ans ou +), depuis qu'ils ne sont pas en mesure de contrôler

---

[206] Voir 193, 589.

[207] Réseau international pour les droits de l'enfant, *Age minimum de responsabilité pénale en Afrique, RDC*. Disponible à http://www.crin.org, accessible 4-2018.

leur intention d'accepter l'état d'un enfant soldat ou de commettre des crimes avant cet âge.[208]

Le comité de l'ONU pour les droits de l'enfant a publié le commentaire général n° 10, dans lequel il a déclaré qu'un âge minimum de responsabilité pénale inférieur à 12 ans est inacceptable parce que trop faible. Il a recommandé un âge minimum fixe de responsabilité pénale de moins de 12 ans.[209]

Pour le processus de réinsertion des enfants qui ont été offensés par le viol et d'autres crimes contre l'humanité, les articles 3 et 19 de la CDE doivent être appliqués dans les meilleurs intérêts sociaux et familiaux des enfants victimes de groupes armés. Pour eux, rendre justice revient à bien plus que punir les auteurs des crimes.

La question des enfants qui abusent sexuellement d'autres enfants ne peut pas être ignorée. La complexité incombe à la « protection contre la criminalisation ». Certaines études montrent que les enfants qui ont été victimes d'abus sexuels à un plus jeune âge, lorsqu'ils ont été maltraités par un membre de leur famille ou dont la violence en cause par le fait de la pénétration accomplie, comporte plus de risque pour développer des troubles de comportement sexuel.[210]

En raison de la complexité de la justice pour mineurs, la CPI propose que les mécanismes de justice transitionnelle tels que la recherche de la vérité, la réforme institutionnelle, les réparations et les tribunaux pénaux

---

[208] Kabano Jacques, *Âge minimum de responsabilité pénale en Afrique*. Disponible à http://www.crin.org, accessible 4-2018.

[209] Ann Skelton, *Propositions pour l'examen de l'âge minimum de la responsabilité pénale*. Un chapitre de la Justice pénale sud-africaine (SACJ) 2013-3, Pretoria, SA 2013, 272.

[210] Simon Hackett, *Protection c. Criminalisation*. Disponible à http://congovirtuel.com/hcm_rdcConsultée 4-2018.

puissent être des outils consistants pour faire face aux effets des violations commises contre les jeunes.[211]

Ce travail soutient la campagne *« Enfants, non soldats »*. Lancée en 2014, elle vise à mobiliser un consensus mondial selon lequel les enfants soldats ne devraient pas être utilisés dans les conflits. Elle recommande le principe pour tourner la page une fois pour toutes sur le recrutement d'enfants par les forces de sécurité nationale dans les situations de conflit.[212]

La RDC a mis en place les mesures nécessaires pour mettre fin au recrutement d'enfants au sein des forces armées. Elle n'est plus inscrite pour cette violation dans les annexes du rapport annuel du Secrétaire Général sur les enfants en périodes des conflits armés.[213]

3.6. Conclusion

En général, la HCM et la CPI ont achevé leur travail. Elles ont rassemblé des plaintes gratuites et faciles pour les victimes des violences sexuelles. Elles ont poursuivi et capturé des civils violeurs, des soldats et des membres de groupes armés. Cependant, leurs résultats ne semblent pas suffisants pour arrêter la violation des droits sexuels, parce qu'ils disposent d'un faible impact et ils n'ont connu aucun démarrage.

L'image de la justice congolaise ne donne pas l'espoir de résoudre le dilemme de l'impunité. Les auteurs des crimes de guerre et des crimes contre l'humanité répertoriés et définis ne sont pas poursuivis de la même manière selon

---

[211] Marcie Mersky, *Can justice transactionnelle contribue à promouvoir la justice pour les femmes ?* Disponible à http://www.ictj.org, consulté au 5-6-2017.

[212] ONU, *Enfants, pas soldats*.
Disponible à http://www.childrenandarmedconflict.un.org/children-not-soldiers, consulté 4-2018.

[213] Voir 205.

la loi. En interférant sur l'indépendance judiciaire, le gouvernement désoriente les Procureurs. Ils les empêchent de conduire des enquêtes appropriées contre leurs agents qu'ils protègent discrètement contre les sanctions éventuelles.

Les méthodes de travail de la CPI en RDC ne permettent pas de concilier cette juridiction internationale, d'interrompre l'impunité et de mettre fin à la violence sexuelle, en raison de la multiplication des groupes armés, mais aussi de la complexité de leur organisation. La gravité des crimes est renforcée à cause des liens tissés par l'intermédiaire des prébendes octroyées par les multinationales. Ces gratifications semblent plus nuisibles, parce qu'elles soutiennent et financent par des gros budgets le type d'armements agressifs dont ils disposent. La CPI devrait adopter une autre méthode pour atteindre ses objectifs. Ne traiter qu'avec les dirigeants de groupes redoutables n'a aucun impact sur les groupes.

CHAPITRE QUATRIÈME :

L'APPRÉCIATION DES JURIDICTIONS SUR LE TERRAIN ET APPELS POUR LA CRÉATION D'UN TRIBUNAL SPÉCIAL

4.1. Introduction

Le thème principal proposé dans ce travail est la lutte contre l'impunité et la violence sexuelle que la RDC a connues depuis une vingtaine d'années. Il se produit beaucoup d'effets et de répercussions d'impunité stimulées par la violence sexuelle envers la population civile. L'équilibre normal des institutions de l'État congolais s'en trouve perturbé par ces dysfonctionnements répétitifs. Ainsi, des retombées déconcertantes déclenchent le risque majeur de dérégler l'observance stricte de la loi. De ce point de vue, malgré les formes d'ingérences intempestives, la loi s'exécute sans exception. Elle est tenue de contrecarrer les injonctions péremptoires d'une justice non-restrictive.

Le chapitre précédent corrobore le comportement des institutions juridiques en RDC. Il démontre la façon dont la population civile est torturée et violée. Il insiste sur l'incrédibilité avec laquelle la loi ne s'exerce pas contre tant d'auteurs d'épreuves physiques et de violences sexuelles à l'encontre des femmes et des filles. L'impunité exonère de nombreux auteurs protégés pour diverses raisons politiques. Elle apparaît donc comme un antagonisme frontal entre la politique et la loi. La politique advient avant la loi lorsqu'elle est appliquée à des personnes sélectionnées selon la volonté des autorités politiques.

Les actions de la HCM ne sont pas appréciées sur le terrain, en raison du niveau croissant d'impunité et de corruption. Cette mauvaise conséquence semble envisagée seulement à l'approche des actions de la HCM. Alors, une telle juridiction peut être traitée comme inappropriée en la matière. De la même manière que pour la CPI depuis qu'elle travaille en RDC, peu des cas d'auteurs responsables sont traités avec la rigueur qu'ils réclament. Cependant, les réactions négatives ne suffisent pas pour interrompre le cycle de l'impunité et ils ne permettent pas d'interpeler les véritables auteurs. De telle sorte que ces juridictions bancales ne possèdent pas le pouvoir rétroactif pour supprimer ou enrayer l'impunité dont le niveau monte toujours plus haut.

La nécessité de la création d'un Tribunal spécial et l'exigence de mettre fin à l'impunité contre la violence sexuelle sollicitent le désir des acteurs qui veulent vraiment que la justice soit rendue sereinement en RDC. L'idéal est soutenu par les insuffisances de la HCM et les limites de la CPI, juridictions existantes qui sont cependant dénoncées comme inadéquates.

La frustration découle de la courbe ascensionnelle de l'augmentation des actes criminels renforcée par la violence sexuelle sur le terrain. La satisfaction de certains pays qui ont expérimenté le Tribunal Spécial ou la Cour Spéciale inspire l'espoir. Elle encourage le pouvoir établi d'aller de l'avant et de continuer à plaider en faveur de sa création en RDC.

4.2. Les effets de la guerre

Le principal effet de la guerre en général est la torture. Le supplice désigne tout acte par lequel la douleur ou la souffrance intense, qu'elle soit physique ou mentale. Un aspect accessoire démontre qu'elle est intentionnellement infligée à une personne pour des fins telles que l'obtention d'une information profitable à une tierce personne, ou bien suscitée par l'intermédiaire une confession involontaire.

La loi interdit de punir par des sévices corporels un individu pour un acte commis ou quand il est soupçonné d'avoir commis un forfait. Elle proscrit de recourir à l'intimidation ou à la contrainte appropriée d'une tierce personne pour quelque raison que ce soit. Elle interdit de pratiquer une discrimination de quelque nature que ce soit et l'exercice du chantage est toujours repréhensible car elle excède les limites de l'acceptable. Et lorsque la douleur ou la souffrance est infligée à l'instigation d'un bourreau perverti, ou avec le consentement et l'acquiescement d'un fonctionnaire, elle se transforme en forfait de criminel.[214]

L'analyse des effets de la guerre et des conflits exige plus d'enquêtes fouillés afin de surmonter la complexité de la matière envisagée. Ainsi, ce chapitre montrera certains aspects des incidences qui impliquent des actions de justice et de droit avant de résoudre de telles répercussions. La conséquence du conflit pousse à agir de manière différente sur les hommes, les femmes et les enfants.

4.2.1. Effets sur les femmes

De 2005 à 2015, les conflits en RDC ont propagé des fléaux et des épidémies qui ont compromis la santé physique des individus. Elle s'est montrée reproductive envers les filles et les femmes. Il n'existe aucun moyen pour détailler exactement le retentissement de la torture et de la violence sexuelle sur les femmes et les filles. Certains aspects développés entre les contrexpertises sont décrits afin de montrer la triste réalité des contradictions.

La violence sexuelle est abondante, continuelle. Elle cible toutes les femmes sans tenir compte de leur âge ou de leur appartenance ethnique. Le contrecoup est généralement très violent, car il résulte des traumatismes

---

[214] HCDH de l'ONU, *Protocole d'Istanbul, Manuel sur l'enquête efficace et la documentation de la torture et d'autres traitements cruels, inhumains ou de punition.* Série de formation professionnelle No 8 / Rev.1. Genève 2004, 1.

physiques et psychologiques.[215] Plusieurs femmes souffrent des multiples blessures : les unes sur leurs corps et les autres sur leurs parties génitales transpercées avec les armes à feu et d'autres objets tranchants.

Par conséquent, il y aura des situations désastreuses de fracture pelvienne laquelle va affecter à la longue la vie des victimes. Elles peuvent devenir infertiles ou bien elles auront des difficultés pour mener une vie sexuelle normale. Beaucoup des cas de blessures internes ont été reportés également, longtemps après l'apparition des fistules.[216]

Les viols ont également comme répercussions des nombreuses grossesses non désirées. Les victimes souffrent des complications médicales pendant leur grossesse ou leurs accouchements. D'autres, bravent l'interdiction de l'avortement provoqué par la loi congolaise. Les plus courageuses ont provoqué un avortement illégal avec le personnel médical dans des conditions dangereuses, ouvrant la porte à des complications inattendues, et même à la mort instantanée. La prévalence des infections sexuellement transmissibles a augmenté dans l'Est de la RDC, particulièrement pour le cas du VIH/SIDA.[217]

Plusieurs formes d'interférences psychologiques accompagnent la détresse endurée par les victimes de viol. Elles sont souvent liées aux émotions et elles perturbent l'équilibre par des symptômes physiques tels que les maux de tête et les nausées. Des douleurs à l'estomac, des rougeurs aggravent l'état de santé et renforcent les

---

[215] *RDC, info pays*. Disponible à http://www.wewillspeakout.org, accessible en avril 2018.

[216] Organisation mondiale de la santé, *RDC Santé* mise à jour, 7-2011, 2.

[217] HRW, *Guerre pendant la guerre, violence sexuelle contre les femmes et les filles dans l'est du Congo*. Rapport sur la RDC, disponible à http://www.hrw.org/english/reports/drc, consulté du 20 au 3 Mars 2008.

traumatismes dus à des angoisses dans des proportions exagérées. Les dysfonctionnements sexuels, l'insomnie ou la fatigue affaiblissent dangereusement les réflexes primaires.

Ces troubles profonds se produisent surtout sous la forme de dépressions, de syndromes de stress post-traumatique, et de choc psychologique. Les sentiments de peur, de colère et d'anxiété apparaissent subrepticement. Ils s'expriment par des syndromes divers : pleurs, rire, grande agitation, indifférence, ou apathie. Il faut souligner que la détérioration de la santé mentale de la victime est redoublée par la crainte de se faire vilipender ou même de se faire répudier par l'époux dans des conditions honteuses.[218]

Les victimes de viols sont soumises à des répressions sociales secondaires. Elles sont souvent regardées comme méprisables ou salies par leurs drames. Elles affrontent des climats pesants d'insultes, de menaces sournoises ou de rejets définitifs par leurs communautés. Souvent, elles ne trouvent aucun réconfort auprès des maris qui les abandonnent brusquement. Ces derniers redoutent le pire à la suite de la stigmatisation jetée sur la famille ou la vindicte populaire raffermie avec la menace proférée de se faire contaminer par le virus du sida.[219]

Du point de vue économique, les femmes et les filles sont les principales forces productives de la subsistance rurale. Elles cultivent le sol, entretiennent un petit commerce local d'aliments de base : manioc, poissons, légumes, huile de palme, sel, savon, etc. Aller chercher du bois et puiser de l'eau, nourrir le bétail ou prendre soin des enfants. Cependant, à la suite de l'éclatement des conflits qui ont augmenté le taux de la mortalité des hommes, les

---

[218] Amnesty International, *RDC, Violence sexuelle : un urgent besoin de réponses adéquates.* PDF Usa 26-10-2004, 30.

[219] Voir 211.

responsabilités des femmes sont devenues plus lourdes : elles doivent maintenant veiller sur les enfants orphelins seuls, et elles assurent la survie de la famille. Leurs occupations convergent vers un seul objectif : survivre par une lutte quotidienne de chaque instant.[220]

4.2.2. Les effets sur les enfants

Les enfants sont les plus touchés par les conflits en raison de leur âge et de leur développement physique. Parce qu'ils n'ont aucune possibilité de fréquenter l'école, ils ne peuvent pas grandir normalement ni recevoir une bonne éducation dans la famille. Ils en sont mentalement et physiquement affectés. Il arrive qu'ils perdent l'espoir pour toute la vie. Le viol d'un enfant multiplie les désavantages occasionnés par le conflit armé.[221]

Les enfants nés à la suite d'un viol connaissent également une discrimination plus tragique encore. Désignés comme les enfants de l'ennemi, ils sont condamnés à faire face à la même humiliation et ils subissent le rejet identique à celui imposé à leurs propres mères. Accusés de se transformer en « sorciers sporadiques », ils sont abandonnés par leurs génitrices ou condamnés à mourir pour échapper à la persécution ignominieuse.[222]

Les cas les plus pernicieux touchent en particulier les filles : elles sont confrontées à des obstacles exacerbés au sein de l'école. Elles redoutent souvent des situations de crise excessive. Elles sont brimées et contraintes à des

---

[220] Adetunji Jo, *Quarante-huit femmes violées toutes les heures au Congo,* PDF. Article sur l'étude trouvée. Le Gardien. Récupéré 13-03-2014.

[221] ONU, Les *Enfants et la justice.* PDF. Disponible à http://childrenandarmedconflict.un.org/publications/workingpaper-3. Récupéré le 11-2014.

[222] Voir 211.

normes sociales préventives. Elles ont besoin de plus de soins contre la violence sexuelle basée sur le genre, les grossesses précoces et le mariage. Ce qu'il convient de souligner en cas de viol et de violence sexuelle se produit régulièrement par suite d'incidences plus dramatiques. Les victimes sont confrontées à une problématique complexe qui oblige les filles et les femmes à s'improviser comme des « épouses » déconcertées, destinées aux caprices des miliciens.[223]

Les enfants, les garçons ou les filles sont également confrontés à des problèmes de recrutement forcé. Les moins âgés de 9 à 17 ans se font enrôler comme combattants et soldats. Ils sont obligés de quitter leurs familles. En tant que guerriers, ils finissent par sombrer dans la drogue, les meurtres insensés, les viols planifiés ainsi que les nocivités qui s'ensuivent.[224]

Le « Protocole d'Istanbul » prévient que la torture conduit à développer un impact direct ou indirect sur l'enfant. Cet impact est souvent dû au déséquilibre de l'enfant torturé ou détenu. Lorsque des individus dans son environnement se trouvent suppliciés, la torture suscite inévitablement des névroses prolongées bien qu'indirectes. Le calvaire de la torture touche toute la famille autant que la communauté des victimes traumatisées par des meurtrissures indélébiles.[225]

À la lumière de l'étude expérimentale sur les droits des enfants,[226] le gouvernement de la RDC et l'ensemble des groupes armés ont transgressé certains articles de la CDE.

---

[223] Nations Unies, Secrétariat Général, *Lettre datée du 22 janvier 2014 du coordinateur du groupe d'experts sur la RDC adressée au président du SC*, Non S/2014/42, 32/277.

[224] Voir 214.

[225] Voir 207, 57.

[226] Voir 57.

Cette situation affecte et perturbe sérieusement les plus fragiles :

– Article 2 : Non-discrimination ; « il y a des enfants qui vivent exceptionnellement dans des conditions difficiles ».[227]

– Article 3 : Les meilleurs intérêts de l'enfant sont une considération primordiale.[228]

– Article 6 : Le Droit de l'enfant à la vie et à la survie et au développement maximum.[229] Le droit à la vie est maintenu en tant que principe universel des Droits de l'Homme à l'article 3 de la Déclaration universelle des Droits de l'Homme : « Chacun a les droits à la vie, à la liberté et a une sécurité de la personne ».[230]

– Article 19 : Le Droit de l'enfant à la préservation contre toutes les formes des violences, de la torture physique à la violence mentale.[231]

– Article 38 : Protection des enfants touchés par un conflit armé. La meilleure condition pour cet article est le rapport Graca Machel sur l'impact du conflit armé sur les enfants.[232]

4.2.3. Effets sur les hommes

Dans les conflits armés en RDC, il se produit deux types de séquelles endurées par les enfants : la première considère les enfants-soldats et la seconde concerne les enfants victimes de la violence et qui servent d'agréments à des miliciens intoxiqués. Les observateurs attentifs estiment que 2 millions d'enfants ont été tués et plus de 6 millions ont été blessés au cours de ces conflits armés.

Les hommes sont également atteints par la violence sexuelle dans une proportion moindre par rapport aux

---

[227] Voir 63, 19.
[228] Voir 220, 39.
[229] Voir 220, 95.
[230] Voir 220, 99.
[231] Voir 220, 257.
[232] Voir 220, 563 & 571.

femmes. Ils ne sont pas stigmatisés à l'intérieur de leurs corps, mais psychologiquement et socialement, parce que la violence sexuelle déstabilise les familles, divise les couples, dissocie les parents et les enfants. En général, elle dérange les facultés mentales ou bien désorganise les coutumes, la culture et les communautés.

Accepter une épouse qui a été violée en public devant son mari et ses enfants, entraîne la résolution la plus difficile qu'un homme peut prendre à l'égard de sa famille, car la communauté est nécessairement attachée aux coutumes et aux traditions. Ce délit devient plus compliqué quand il s'agit de plusieurs femmes violées à la fois ou successivement dans le village. La loi et les usages sont transgressés dans des proportions démesurées. Il s'agit donc d'une situation exceptionnelle qui appelle à une solution exceptionnelle.[233]

De toutes les façons, les hommes sont aussi violés par les femmes soldats. Il arrive qu'ils soient obligés d'avoir des rapports sexuels avec d'autres hommes ou des femmes soldats. Le viol des hommes se produit selon la volonté de ces dernières. Ce moyen facile réussit souvent à propager les infections et le VIH/SIDA à d'autres personnes.[234]

Le niveau des violations des droits sexuels de 2005 à 2015 est en plein essor. L'impunité désagrège de fonds en combles des institutions de l'État installées dans la précipitation et qui font partie de la vie réelle. L'Est du Congo présente l'avènement des situations cocasses de la « jungle » inextricable.

---

[233] Monde sans génocide à Mitchell Hamline école de droit. Consultée 5-2015. Disponible à http://www.worldwithouthgenocide.org/genocide-and-conflict/ congo.
[234] Voir 213.

4.3. L'Appréciation des actions judiciaires au niveau national.

4.3.1. Les actions limitées contre les auteurs des crimes

L'impunité quasi-totale des auteurs d'agressions sexuelles et d'autres violations des Droits de l'Homme dans le pays est l'une des principales sources de la nature persistante et endémique de la violence sexuelle dans l'Est de la RDC. La justice congolaise découvre ses dysfonctionnements par ce biais. Les ressources qui lui sont allouées paraissent médiocres. Elle parait moins dotée en personnel mais pourtant trop politisée en raison des ingérences fréquentes des autorités politiques et militaires. Les différentes formes des violences sexuelles constituent des crimes contre l'humanité en vertu du code pénal militaire congolais, ainsi qu'en vertu du droit international. Les tribunaux militaires disposent de la seule autorité sur les crimes internationaux. Elle semble cependant dérisoire en rapport avec les litiges enclenchés.[235]

Dans le cas des viols commis par les FARDC, plusieurs délinquants ont été arrêtés et condamnés dans le système de justice militaire.[236] Cependant, l'ingérence abrupte de l'exécutif dans l'administration de la justice militaire n'est pas un phénomène nouveau. Plusieurs raisons expliquent l'augmentation des intrusions répétées des autorités politiques dans son fonctionnement. La mainmise incongrue s'installe dans l'insolence afin de protéger les dirigeants des factions armées contre les poursuites devant les tribunaux militaires.[237]

Les juridictions légales en RDC possèdent de nombreux instruments à appliquer contre les criminels pour

---

[235] Voir 135, 27.

[236] Voir 211.

[237] La RDC, *Justice militaire et Droits de l'Homme : Un besoin urgent d'achever les réformes.* PDF. Une revue de l'Afrimap et l'initiative de société ouverte pour l'Afrique australe. Johannesburg, SA 2009, p. 8.

les neutraliser. Toutes les actions d'une juridiction doivent être évaluées compte tenu de la base de l'élaboration d'une stratégie sur la violence sexuelle. En réalité, il est indispensable de remarquer l'incohérence de la lutte contre l'impunité pour les violences sexuelles contenues dans les directives juridiques et les instruments nationaux.

Il n'existe pas de tribunaux dans les zones rurales qui ont compétence sur les crimes de la violence sexuelle. La seule instance opérationnelle dans ces domaines reste le *Tribunal de paix.* Il traite des crimes passibles de moins de cinq ans d'emprisonnement, tandis que les crimes de violence sexuelle sont passibles de cinq à vingt ans d'emprisonnement. Pour cette raison, parfois le gouvernement accepte le soutien des partenaires internationaux pour l'organisation des tribunaux mobiles à travers ces milieux.[238]

La responsabilité des crimes relève du droit international habilité à consigner les états de recrutement et l'utilisation des enfants soldats. Elle possède un mandat exclusif pour éradiquer la violence et l'impunité quand ils peuvent conduire à la ré-commission de ces crimes. Les chroniques observent que 7.736 enfants ont été séparés des groupes armés en 2014. Cependant, il est alarmant que 20 % l'aient quitté bien avant.[239]

La RDC bénéficie des charges définies pour sanctionner la violation des droits des enfants énoncés dans divers instruments juridiques lorsqu'ils protègent les enfants en période de conflits armés. Malgré les

---

[238] Shirambere Tunamsifu P., *Les droits à la justice : un défi pour les victimes de violences sexuelles liées au conflit dans l'Est de la RDC.* Article à http://www.scielo.org.za, African Human Rights Law Journal, Pretoria, récupéré 2015.

[239] Enfants en conflit armé, *Un crime de guerre que nous avons la responsabilité de prévenir.* Disponible à http://www.childsoldiersin.org, accessible à 2016.

implications du gouvernement, les groupes armés ainsi que les individus sont également reconnus comme pénalement comptables des violations des droits des enfants dans les juridictions congolaises. Leurs actes deviennent effectifs quand les éléments matériels sont occasionnés intentionnellement et en toute connaissance de cause.

Néanmoins, pendant les conflits armés, il est presque impossible de respecter les obligations fixées dans le DIH et le DIDH. Les analystes chevronnés estiment que deux millions d'enfants ont été tués, et six millions ont été blessés pendant les conflits armés. En réalité, ils ont souffert de la violence sexuelle, des traumatismes psychologiques graves, de la malnutrition et des infections maladives.[240]

Un autre aspect des actions limitées en justice concerne les soldats étrangers qui ont librement commis des violences sexuelles, loin de leurs frontières. Des soldats Rwandais, Burundais et Ougandais ont commis divers crimes de guerre et crimes contre l'humanité sur le territoire de la RDC, mais ils n'ont pas été poursuivis par les juridictions de la RDC pour des raisons politiques.

L'aspect le plus curieux demeure la passivité du Gouvernement, et son apathie notoire devant l'arrogances des pays agresseurs.

4.3.2. L'analyse de ces actions

À la lumière de ce qui précède, une telle stratégie inaugure une manière plus efficace de considérer ces agissements, jusqu'à obtenir un meilleur résultat. Comme nous l'avons déjà montré, les actions des juridictions autorisées de la RDC se montrent sélectives. Certains

---

[240] Mundela Bilonda G ; *La responsabilité de l'État sur la violation de l'enfant pendant le conflit post-armé, le cas de la RDC*. Inédit. Université LLM de Pretoria, 2013.

soldats qui ne sont pas protégés, peuvent être poursuivis, arrêtés. Parfois, ils restent longtemps en prison sans aucune aide gouvernementale. Ils sont sujets à des poursuites et des arrestations intempestives. Ceux qui travaillent avec la connivence des autorités, ne sont presque jamais inquiétés. Si cela était le cas, il serait opportun d'amorcer une occasion pour organiser un procès informel ou bien imaginer leur évasion de la prison.[241]

Bien qu'il existe de nombreuses preuves de la ramification sociétale et individuelle causée par la violence sexuelle, le gouvernement de la RDC a été critiqué parce qu'il ne manifeste pas assez d'efforts pour les dégâts causés par ces agressions. La loi congolaise critique pourtant de nombreuses formes de violence sexuelle, et cependant, ces lois ne sont pas appliquées intentionnellement.[242]

Selon la MONUSCO, la lutte contre l'impunité dans le cas de violence sexuelle rencontre certains obstacles lors de la poursuite des crimes de violence sexuelle. Ils se présentent sous des contours variés :

– la réticence à poursuivre des hauts fonctionnaires ;
– le manque de capacité au sein du système judiciaire de la RDC ;
– l'accès limité à la justice ;
– la faible administration de la justice et de la mise en œuvre d'un cadre légal ;
– l'absence de la réparation.

La même analyse détaille des manœuvres dilatoires orchestrées contre les victimes de la violence sexuelle ou des témoins éventuels. Ces manigances n'inspirent aucune

---

[241] La RDC, *Justice militaire et Droits de l'Homme - Un besoin urgent d'achever les réformes,* PDF. Une revue de l'Afrimap et l'initiative de société ouverte pour l'Afrique australe. Johannesburg, SA 2009, p. 8.

[242] Kenneth Poorthvilier ; *La violence sexuelle en RDC*. Article disponible à http://www.study.com, consulté 15-3-2018.

confiance. L'état de fait est dû en grande partie à ce qui suit :

– l'absence de tout mécanisme de défense en faveur des victimes et les témoins ;

– le manque d'indépendance et d'impartialité du système judiciaire ;

– la plupart des auteurs des crimes sont appréhendés, mais les peines pour violence sexuelle sont soit minimales, soit elles ne sont pas appliquées ;

– les agresseurs s'échappent des prisons ;

– il n'existe pas de dispositions de réparation pour les victimes des violences sexuelles.[243]

De toute évidence, l'établissement de la matérialité de l'infraction de viol est un véritable parcours d'obstacles dans l'Est de la RDC, parce que les preuves de viol sont difficiles à obtenir. Les officiers de la police judiciaire ont souvent du mal à se rendre sur les lieux des crimes en vue de mener des enquêtes crédibles et vérifiables. Les raisons sont multiples, entre autres : l'inaccessibilité géographique à certains territoires et districts, les raisons de distances, l'insécurité, le déficit d'infrastructures routières ou la pénurie des moyens de transport.

En effet, la victime de viol se sent habitée par un sentiment de culpabilité, de honte et d'humiliation. Elle est hantée par la peur d'être rejetée par sa famille ou sa communauté. Elle a tendance à se réfugier dans le silence. Ce mutisme ne permet pas à l'officier de police judiciaire de recueillir les preuves dont il a besoin. Il est important de mentionner que l'absence de policières crée un obstacle pour la femme qui éprouve de la difficulté à traduire le forfait en justice. Le fait de ressentir un grand embarras pour raconter les scènes de viol subies à une personne

---

[243] Voir 216.

masculine entrave la spontanéité dans l'explication des souffrances subies.[244]

Dans cette perspective, les violations des droits sexuels comprennent des menaces verbales tacites, des abus et des moqueries qui équivalent à de la torture. De telle sorte que leurs auteurs doivent être punis de la manière la plus rigoureuse en rapport avec la violence sexuelle, parce qu'ils sont tous deux des crimes contre l'humanité.

La non-poursuite des soldats Rwandais, Burundais et Ougandais par les juridictions judiciaires de la RDC devient forcément illégale. Elle témoigne d'une faiblesse indéniable de nature inconstitutionnelle. Ces soldats se positionnent en RDC de 15 à 20 ans, ils doivent être soumis aux juridictions congolaises.

L'article 2(1) de PIDCP explique : « Chaque État partie à l'actuel Pacte s'engage à respecter et à garantir à tous les individus de son territoire et sous réserve de sa compétence les droits reconnus dans le pacte actuel, sans distinction de quelque nature que ce soit ».[245] Le fondement de ce principe de l'article 2 formule l'un des objectifs les plus importants de PIDCP, car il émane de la juridiction dans le cadre de ses obligations. Il se rapporte surtout aux droits reconnus sans distinction.[246]

La logique d'une telle philosophie est destinée aux divers mouvements insurrectionnels présents dans l'Est de la RDC depuis longtemps. Les groupes armés rebelles congolais et étrangers qui commettent des violations des droits sexuels, sont soumis aux juridictions et obligations

---

[244] Voir 125.

[245] CDH, *Les Droits Civils et Politiques : le CDH*. Fiche d'information N° 15 (Rev.1) Bureau de la CDHNU, 8-14, avenue de la Paix, 1211 Genève 10, Switzerland, 5-2005, 32.

[246] Voir 56.

congolaises. [247] En raison d'un conflit armé, une compétence judiciaire débile ne parviendra pas à délibérer des audiences publiques correctement. Les Procureurs Congolais n'arrivent pas à faire respecter la loi, ou bien à appliquer des instruments juridiques contre les auteurs qui profitent du fait de la guerre pour commettre des multiples crimes et rester libres. Il n'existe aucun recours permettant de trouver de meilleures solutions pour les questions relatives aux Droits de l'Homme en RDC. Aucun moyen de lutter contre l'impunité pour mettre fin à la violence sexuelle. La nécessité oblige que d'autres juridictions internationales fonctionnent correctement dans cette région.

L'exemple suivant d'actions limitées est celui de l'application de l'article 2(1) de PIDCP. La partie congolaise sollicite l'intervention de l'ONU pour poursuivre les soldats de FDLR et cela ne s'est produit que rarement. Les Procureurs militaires Congolais, avec l'aide de l'ONU, ont ouvert une enquête judiciaire. Les suspects ont été arrêtés, mais ils se sont échappés de la prison.[248]

4.3.3. Les Résultats des juridictions

Selon le rapport de 2013 sur les juridictions judiciaires de la RDC, le taux de protestation de la HCM a été estimé à 17, 2% : il apparait plutôt faible. Le rendement judiciaire des compétences des forces armées de l'auditorat de la RDC se situe dans la fourchette d'environ 34, 7%. L'accès à la justice (Cour) se projette comme extrêmement modique, de telle sorte que les résultats de la juridiction sont également insuffisants et indignes de confiance. Il n'est pas

---

[247] Il s'agit de ma meilleure interprétation rationnelle de l'application de ce principe sur divers terrains.

[248] HRW, *RDC, Mettre fin à l'impunité pour la violence sexuelle, nouveau mécanisme judiciaire nécessaire pour traduire les auteurs en justice.* Disponible à http://www.hrw.org, consulté 10-6-2014.

facile d'expliquer la modeste production de la HCM. De nombreuses raisons pourraient encore être avancées :

– la faible allocation financière accordée à la HCM ;

– la mauvaise qualité des fichiers transmis par les juridictions inférieures de la HCM ;

– la complexité de la procédure qui exige particulièrement que les militaires soient jugés par leurs supérieurs ou ceux qui leur sont équivalents. Cette condition n'est pas facile à appliquer ;

– la multiplicité des appels introduits par les défenseurs par l'intermédiaire de leur avocat.[249]

Tout se passe comme si l'abondance des catalogues suffisait à elle seule pour « exorciser les monstres », ou pour réorienter les événements dans le sens d'une maîtrise réelle (ou supposée comme telle) des comportements. Et cela, pour autant que des projets proclamés dans une rhétorique vindicative n'avaient pas pu être exécutés par une volonté et une intelligence adéquate de la « chose publique ». En réalité, le fait caractéristique du "dialogue" engagé par l'interlocution, et celui de l'intercommunication entre les populations est ainsi exprimé en des réflexes de langages plus immédiats.

4.4. L'Appréciation des actions judiciaires au niveau international

4.4.1. Les actions limitées contre les auteurs des crimes

La CPI s'impose comme la principale juridiction judiciaire au niveau international qui travaille dans la situation des conflits en RDC. La CPI dispose du mandat concurrentiel se rapportant aux poursuites des délinquants, ainsi qu'aux condamnations des auteurs qui ont transgressé la loi telle que formulée dans les instruments internationaux.

---

[249] Voir 133, 70.

En ce qui concerne les activités à mener sur le terrain, elles relèvent de l'expérience de la CPI. Mais le tribunal international *ad hoc* le démontre également : il n'existe souvent aucune preuve d'ordonnances de commettre des violences sexuelles et sexistes. Étant donné que la CPI se concentre principalement sur les crimes perpétrés par les personnes jugées « les plus responsables », il devient extrêmement difficile de lier entre eux les crimes sexuels répertoriés, lorsqu'ils sont commis par des soldats ou des rebelles envers l'accusé, contre l'expertise du commandement.[250]

À propos de ces atrocités, le Secrétaire Général de l'ONU utilise le terme « Violence sexuelle liée aux conflits » (VSC) lequel fait référence aux étapes suivantes : viol, esclavage sexuel, prostitution forcée, grossesse forcée, stérilisation forcée et autres formes de violence sexuelle d'une gravité comparable perpétrée contre des femmes, des hommes, des filles et des garçons qui sont directement ou indirectement liés à un conflit.[251]

Le chapitre précédent a indiqué les différents cas traités par la CPI pour le compte de la RDC : 6 affaires ; 1 procès en cours d'exécution, 7 mandats d'arrêt, 3 accusés en détention, 1 suspect en liberté, 1 appel, 1 suspect en détention. Au total, la CPI ne peut pas s'acquitter de ses taches improductives. Son incapacité pour instruire davantage de procès l'immobilise totalement et l'assujettit à des conditionnements inconvenants. Ses actions sont trop limitées en ce qui concerne le vaste domaine des auteurs ressortissants aux quatre pays lorsqu'ils combattent au Congo.[252]

---

[250] Voir 190.
[251] Voir 234.
[252] *Situation en RDC*. Disponible à http://www.icc-cpi.int/courtstructure, ICC-01/04, accessible à juin 2004.

4.4.2. L'Analyse de ces actions

La juridiction internationale applique les instruments internationaux pour accomplir ses obligations. Les actions de la CPI en RDC qui tendent à traquer les auteurs de crimes de guerre et de crimes contre l'humanité sont critiquées de toutes parts avec justesse. Les méthodes de recherche utilisées par la CPI pour travailler en RDC doivent être revues afin d'améliorer la qualité du service.

De mon point de vue, une telle perspective comporte trois significations dans ce contexte :

– le premier sens provient du nombre de personnes qui sont poursuivies par cette juridiction. En ce qui concerne l'ampleur de la situation sur le terrain, la quantité physique des victimes ou encore les conséquences dévastatrices produites par la violence sexuelle, le nombre d'accusés par les victimes par rapport au nombre de répondants de la CPI (6) en démontre l'insuffisance ;

– le deuxième sens s'appuie sur la qualité des investigations et des réponses qui y sont apportées. Il n'y a aucun moyen de maîtriser ce genre des violences sexuelles intensives en arrêtant seulement six dirigeants de groupes armés. La réalité montre qu'à chaque fois que la CPI appréhende le chef du groupe armé, les membres de ce groupe vont rejoindre d'autres factions. L'une d'elles désignera un nouveau leader, de sorte que le mouvement survive et continue imperturbablement ses exactions ;

– le troisième sens provient de l'accomplissement et de la réalisation de l'objectif de la CPI. À mon avis, l'objectif fondamental de toute compétence en matière de justice est d'être poursuivi et arrêté par tous ou un grand nombre de criminels, d'endiguer toutes les formes d'infractions et de rétablir la justice dans la société.

Cependant, la juridiction comme la CPI possède sa manière propre de travailler : elle ne peut pas mettre fin à la tragédie. Elle ne parviendra pas à réaliser l'objectif assigné avant d'enrayer cette criminalité. De telle sorte que son objectif principal ne sera jamais atteint. Il existe des méthodes floues et non-concentrées qui rendent la CPI incapable de couvrir les situations des conflits Congolais.

Selon la FIDH (Fédération Internationale des Droits de l'Homme), la CPI est un symbole solide de la lutte contre l'impunité, mais elle en accuse des limites probables. La CPI n'a pas le mandat de juger tous les crimes commis à l'intérieur d'un pays. La politique générale du Procureur de la CPI consiste à mener une enquête et une action ciblée en justice, qui ne couvre qu'un échantillon des crimes commis dans n'importe quel domaine pendant un temps fixé au préalable. Ensuite, la CPI travaille sur le principe de complémentarité avec le système de justice nationale, si celle-ci ne manifeste pas la volonté ou la capacité de juger les auteurs des crimes graves.[253]

Tels que définis dans le Statut de Rome de la CPI, les crimes internationaux ont été incorporés dans le code pénal militaire de la RDC dans des termes similaires.[254] De telle sorte que dans les soubresauts de la RDC, cette complémentarité ne réclame aucun impact ou ne produit aucun effet, parce que la CPI ne conserve toujours que 6 prisonniers et que la HCM travaille encore mal sur les auteurs des violences sexuelles. L'application de leur complémentarité devient impraticable. Leurs deux actions demeurent très limitées et fragiles contre cette vaste tragédie.

4.4.3. Les résultats des juridictions

La question de la CPI dans les conflits congolais ne donne pas la certitude que les situations parviendront à s'améliorer. Malgré la présence de la CPI en RDC depuis 2004, le résultat réel démontre que les niveaux de violations

---

[253] IFHR, *Les Crimes sexuels en RDC : briser l'impunité.* PDF. Paris-Genève-Bruxelles-La Haye, 12/03-15/04/2008.

[254] Voir 233.

des droits sexuels augmentent chaque jour. La conséquence naturelle est assurément la continuité libre et commode des actes de violence sexuelle.

Comme il est attesté dans le premier chapitre par Mme Wallström, la partie orientale de la RDC est désignée par cette déficience, elle reste la « capitale *mondiale du viol* » avec environ 200 000 cas enregistrés et beaucoup d'autres non enregistrés.[255]

4.5. Supprimer la violation sexuelle en conjurant l'impunité générale

Il sera difficile de faire cesser le cycle des divagations meurtrières en RDC tant que les responsables des sévères exactions ne seront pas retirés des forces de sécurité et traduits en justice. À cette fin, la création d'un mécanisme de contrôle doit être une composante centrale de la réforme du secteur de la sécurité en RDC. Un tel mécanisme permettrait d'exclure des forces de sécurité les auteurs d'inquiétantes violations des Droits de l'Homme.[256]

Compte tenu de ses capacités actuelles trop limitées, le système judiciaire congolais apparait comme figé, coincé entre des contradictions irrémédiables. Son manque d'expérience la confine dans une apathie déraisonnable, car elle est basée sur le poids démesuré des partenariats pernicieux. Elle ne réussit que trop difficilement à initier des projets compétitifs et à faire l'expérience d'une enquête vraisemblable dans la poursuite des crimes internationaux. La raison principale vient prioritairement de l'absence d'autonomie financière et logistique, de suivi

---

[255] *Agir contre les violations sexuelles en RDC.* Disponible à http://www.adequation.org/PDF. Accès 13-6-2016.

[256] *RDC : « Terminer l'impunité pour la violence sexuelle, la nécessité d'un nouveau mécanisme juridique pour traduire les responsables des crimes en justice ».* Disponible à http://www.hrw.org, consulté le 10-4-2014.

organisationnel. La capacité technique spécialisée ou encore les objectifs stratégiques judiciaires ajoutent souvent des potentialités dommageables aux agissements supplémentaires.

L'accord de coopération judiciaire, signé provisoirement entre le Procureur de la CPI et la RDC, montre que le gouvernement est parvenu à comprendre que la CPI n'est pas moins une panacée à l'égard de tous les problèmes liés à la paix, qu'il ne lui reste que de convoquer la justice dans le pays.[257] L'analyse critique suivante des actions de la CPI en RDC repose sur la conviction que la justice pénale possède un rôle expressif décisif à jouer et à faire circuler aisément. En particulier lorsque les spécialistes élaborent un récit historique autour des efforts fournis, car ils visent à réaliser une reconstruction politique dans la perspective d'une société post-conflit.[258]

Margot Wallström s'est exprimée sur ce sujet avec compétence. Elle a critiqué l'impunité profondément enracinée au Congo. Elle a tenu à faire ressortir la nécessité de traduire les auteurs en justice. Elle a souligné le fait que le viol n'est pas culturel, mais criminel et il doit être traité comme tel. Son plaidoyer pour ces questions au Congo a contribué à sensibiliser durablement la communauté internationale.[259]

---

[257] Musila Godfrey, *Entre rhétorique et action, la politique, les processus et la pratique du travail de la CPI en RDC*. Monographie 164, Institute for Security studies, Pretoria, SA 2009, 44.

[258] Christian De Vos, Kendall S. et Carsten Stahn, *Justice contestée, politique et pratique de la CPI*, Université de Cambridge, Londres Royaume-Uni 2015, 107.

[259] AFP, *150 violés dans un saccage en RDC : « Le Centre d'information de l'ONU, les émissaires de l'ONU expriment leur indignation après un viol collectif dans l'Est de la RDC »*, récupéré le 24 juin 2011.

En réponse à la politique de « tolérance zéro » décrétée par le président Congolais[260], Margot Wallström affirme que « vous ne pouvez pas avoir une politique de tolérance zéro soutenue par zéro conséquence ». Elle exhorte le gouvernement de la RDC à traduire en actes la réalité des politiques contre la violence sexuelle, et à contrevenir aux réponses prévisibles pour les auteurs de telles aberrations monstrueuses.[261]

4.6. L'Appel à la création d'une Cour Spéciale

Bien que des progrès aient été réalisés ces dernières années dans le domaine des poursuites, il sera difficile de supprimer les cycles de violence en RDC tant que les responsables de graves exactions ne seront pas retirés des forces de sécurité et traduits en justice. À cette fin, la création d'un mécanisme de contrôle devrait se transformer en un élément central dans le domaine de la sécurité en RDC.[262]

4.6.1. Les Appels locaux

En juillet 2003, le gouvernement de transition s'est engagé dans un débat interne sur la mise en œuvre des recommandations du Dialogue inter-Congolais (DIC).[263] Le « Dialogue » avait approuvé la décision de réintégrer les crimes internationaux commis sur l'ensemble du territoire

---

[260] Voir 169.

[261] UN-MONUSCO, *Viols collectifs en RDC : l'ONU appelle à la fin de l'impunité*. Disponible à http://MONUSCO.unmissions.org/en/mass-rape-drc-un-calls-end-impunity. Consultée Le 10 septembre 2010.

[262] *« La RDC, mettre fin à l'impunité pour la violence sexuelle, a besoin d'un nouveau mécanisme juridique pour traduire les responsables en justice »*. Disponible à http://www.hrw.org, consulté au 10 Avril 2014.

[263] L'AGI, *Accord Global et Inclusif du 25 septembre 2003 à Sun City en Afrique du Sud.*

de la RDC à la CPI. Il avait admis de demander la création par le Conseil de Sécurité de l'ONU, d'un Tribunal Spécial International pour la RDC, susceptible de traiter les crimes qui tomberaient sous la compétence de la CPI.[264]

L'origine de cette vocation locale reste le « Rapport Mapping ». Celui-ci détaille la situation des Droits de l'Homme en RDC. Et davantage encore, la pétition nationale observe que ne pas le faire serait un désaveu de la justice internationale.

L'ambassadeur de la RDC à l'ONU avait déclaré que le Rapport Mapping favorise la création d'une éventuelle « chambre mixte » dans le système judiciaire, composé des juges nationaux et internationaux et d'autres experts. Comme nous l'avons mentionné, la justice pour les crimes commis au Congo n'est pas un programme original sur lequel le gouvernement Congolais aurait le loisir d'agir seul. Les auteurs de ces crimes sont à la fois des ressortissants Congolais et non-Congolais. Cette catégorie comprend certains Africains ou non-Africains qui ont profité des ressources minières congolaises et ont contribué à l'élargissement des faits de guerre.[265]

Des nouveaux mécanismes judiciaires s'avèrent nécessaires au Congo pour juguler l'impunité qui protège les auteurs des crimes graves, ceux qui ont entretenu des violences sexuelles, en violation du droit international. Les chambres seraient situées au Congo. Il incorporerait des juges Congolais ou non-Congolais et d'autres membres des ressources humaines existantes. Un personnel de non-Congolais progressivement simplifié permettra aux

---

264 Voir 211, 176.

265 Ambassadeur Ileka Atoki (Représentant de la RDC auprès de l'ONU), *Justice pour les victimes au Congo.* Article disponible à https://www.huffingtonpost. com/amb-ileka-atoki/post_976, consulté 1-10-2010.

chambres de gagner en légitimité, en crédibilité et en indépendance.[266]

La Cour mixte spécialisée optimise le résultat d'un long processus de consultation et de discussion sur les meilleures modalités de poursuivre les crimes internationaux en RDC. Le Ministre Congolais de la Justice avait fait circuler un projet de loi qui établissait des Chambres spéciales chargées de poursuivre ces crimes. Dans la version initiale préparée par le Gouvernement, les Chambres Spéciales étaient destinées à fonctionner à l'instar des tribunaux établis au préalable.[267]

La présence du personnel international est avisée à tous les niveaux des Cours : Parquet, Tribunal, Cour d'appel, Cour Suprême, Cour de Comparution, etc. Elles pourront fournir une barrière significative à l'intervention politique pendant l'exercice de la justice. L'établissement d'une Cour mixte spécialisée signifie un succès bénéfique à l'égard de la RDC. En effet, cette innovation lui permettrait d'incorporer dans la loi nationale les règles de la loi internationale criminelle, ainsi que la procédure qu'elle entraîne, forcément.[268]

Le 8 mai 2014, l'Assemblée nationale de la RDC avait rejeté un projet de loi gouvernemental visant à établir des Chambres spéciales au sein du système judiciaire congolais. Cet événement prenait la suite du rejet d'une proposition similaire du Sénat de la RDC en 2010 lorsqu'elle demandait la création d'une nouvelle Cour spécifique. L'expertise des

---

[266] *Mettre fin à l'impunité de la violence sexuelle.* Disponible à http://www.hrw.org/news/2014-06-10.

[267] Pascale Kambale, *Plans pour un tribunal hybride au Congo.* Article à http://www.osisa.org/openspace/drc. Consulté le 06-03-2012.

[268] Fédération Internationale des Droits de l'Homme (FIDH), *« RDC, les victimes des violences sexuelles obtiennent rarement justice et ne reçoivent jamais de réparation. Des changements majeurs sont nécessaires pour lutter contre l'impunité ».* Paris-France, 11-2013, 65.

Chambres spéciales démontrerait que la justice revient à l'ordre du jour du gouvernement.[269]

La demande intérieure de la justice pour les crimes internationaux commis au cours de la décennie prolonge la longue guerre civile qui était constamment élevée. Les défenseurs Congolais des Droits de l'Homme et des groupes des victimes se sont mobilisés pour la justice, tandis qu'une coalition d'ONG a été créée pour faire pression en faveur d'un mécanisme compréhensif de la justice transitionnelle.[270]

L'été 2013 a été le moment du lancement d'une pétition, à l'initiative de « 52 femmes éminentes »[271], auxquelles s'étaient joints certains Avocats Congolais. Elles appelaient à la création d'un Tribunal Pénal International pour la RDC. La pétition qui est encore ouverte à la signature, était adressée aux dirigeants de la communauté internationale.

Considérant ses arguments et ses motivations, le contenu de l'appel aux signatures précise que ces « 52 femmes éminentes », les *Marraines* de cet appel, « ne peuvent pas penser aux traumatismes subis par les femmes à l'Est de la RDC sans avoir leurs cœurs percés par la douleur la plus profonde ».

Elles représentaient leurs compatriotes femmes unies par le triple lien de l'humanité. Elles étaient inquiètes avec

---

[269] Nick Elebe ma Elebe, *« Pourquoi les législateurs de la RDC ont de nouveau rejeté les Chambres spéciales pour poursuivre les crimes internationaux ».* Article dans International Justice Monitor. Disponible à www.ijmonitor.org, consulté 5-23, 2014.

[270] Voir 163.

[271] *Stop au viol comme arme de guerre : pour un tribunal pénal international pour la RDC*. Disponible à http://www.change.org/fr/petition, consulté en septembre 2013.

raison, pour les générations futures.[272] La pétition demandait la création par le Conseil de Sécurité des Nations Unies d'un Tribunal Pénal International pour la RDC, afin de poursuivre en justice les crimes énumérés dans le « Rapport Mapping ».[273]

4.6.2. Les Appels internationaux

Comme pour l'appel local, l'idée a été encouragée et soutenue au niveau international en faveur de l'implication des mécanismes de la justice. Des nouveaux processus devront instaurer un travail libre sur une grande échelle pour mener des investigations pointilleuses sur les crimes intolérables internationaux et poursuivre tous leurs auteurs qui les auraient commis.

L'appel au niveau international est lancé par différents partenaires des ONG de la défense des Droits de l'Homme de la RDC. L'ONU a publié un rapport très significatif concernant les conflits en situation. L'une des idées qui y est suggérée est la nécessité pour la création des nouvelles stratégies afin d'exiger la rupture et l'arrêt du cercle de l'impunité.[274]

Au milieu de ces confusions sur la même question, *Jeune Afrique*, un magazine politique français, avait publié un article intitulé : *« Appel international à la création d'un Tribunal Pénal International en RDC »*. L'une des réflexions fortes soutenues dans ses colonnes était

---

[272] Manuel Eymard, *La création d'un Tribunal pénal international pour la RDC*. Article à Https://beyondthehague.com/the-creation-of-an-international-criminal-tribunal-for-the-drc. Accès au 22-9-2013.
[273] Voir 220.
[274] *L'ONU et les violations sexuelles en RDC,* le 1er Octobre 2016. Disponible à http://www.rue89nouvelds.com, accessible le 10/02/2017.

d'affirmer que : « ne pas établir ce tribunal spécial, ce sera une discrimination à l'égard des femmes Congolaises ».[275]

4.6.3. La nécessité de la création du Tribunal Spécial

En ce qui concerne la situation nuisible imputée aux actes répétitifs et croissants de la violence sexuelle dans l'Est de la RDC, la question de l'élaboration et de l'établissement d'un tribunal pénal spécial en RDC est devenue une préoccupation incontournable. Elle vise à fournir une véritable justice. Elle appelle à une obligation légale des États envers les personnes qui ont subi des crimes graves.

Il convient de noter que si le Tribunal Pénal International pour la RDC devait être aménagée, sa compétence serait concurrencée par celle de la CPI, elle-même complémentaire à la compétence nationale des tribunaux de la RDC et à la juridiction extraterritoriale possible pour les ressortissants étrangers. Ce qui précède doit être analysé à la lumière des difficultés pour qualifier précisément les dispositions qui impliquent la responsabilité pénale.[276]

Étant donné le nombre limité de cas que la CPI se trouve capable de traiter, ainsi que la faible capacité et le manque d'indépendance du système judiciaire congolais, un nouveau mécanisme est nécessaire pour poursuivre les violences sexuelles et autres violations graves des Droits de l'Homme. La situation en RDC aurait permis aux « 52 femmes éminentes » de ne pas négliger plusieurs facteurs

---

[275] Jeune Afrique, *Appel international à la création d'un tribunal pénal spécial en RDC.* Disponible à http://www.jeuneafrique.com, Consultée 02-2016.

[276] HCDH, *Rapport Mapping.*
Disponible à http://www.ohchr.org/Documents/Countries/drc, accédé le 20-09-2015, 481.

pertinents tel que le fonctionnement des tribunaux mobiles de genre sur l'ensemble du territoire de la RDC.[277]

En fait, les motivations profondément humanistes derrière cette pétition devraient être encouragées. Il est regrettable que le message n'offre pas de solutions intégrées, donnant ainsi l'impression négative d'un déficit d'analyse approfondie de la situation. La déclaration appelle uniquement au phénomène d'interpellation : « Pour un Tribunal Pénal International pour la DRC ».[278]

4.6.4. Le Fonctionnement estimé d'un Tribunal Spécial

Dans l'ensemble, diverses positions peuvent être débattues sur la question de savoir si un Tribunal Pénal International pour la RDC se révèle indispensable. À mon avis, il confirme la nécessité de coordonner et d'intégrer l'avènement d'un tel tribunal international.

La Cour pénale spéciale serait créée avec un mandat précis qui intime l'ordre de poursuivre les auteurs de crimes de guerre et de crimes contre l'humanité commis dans l'Est de la RDC. Les poursuites concerneraient les membres des forces de sécurité Congolaises, les membres des groupes armés rebelles et d'autres auteurs civils.

Un autre facteur pertinent mérite l'attention dans l'établissement d'un « Tribunal Spécial ». Il consiste à vérifier que les tribunaux hybrides qui ont été rafistolés et érigés en principe par le Gouvernement de la RDC, auraient pour fonction de rendre justice et de renforcer la capacité ainsi que les infrastructures judiciaires.[279]

---

[277] *Rapport annuel de 2013 :* L'initiative de justice de la société ouverte. Disponible à http://www.opensocietyfoundations.org/justice-drc, PDF. Accès au 14-01-2013.

[278] Voir 24.

[279] *Position commune concernant le tribunal spécial en RDC.* Disponible à http://www.fidh.org PDF. Accessible le 14-4-2011.

4.6.5. Les résultats attendus du Tribunal Spécial

Le Tribunal Spécial provoquerait une structure juste et efficace au sein du système congolais. Il conviendra effectivement pour lutter contre l'impunité, avec comme objectif exclusif, la poursuite des crimes internationaux les plus graves tels que décrits dans le deuxième chapitre selon le Droit International Humanitaire.

Le Tribunal Spécial tentera également de contrarier toute ingérence du gouvernement pendant la poursuite des soldats de haut rang qui bénéficient de l'impunité totale. Le geste se justifie, étant donné la prédominance des juridictions nationales, lesquelles travaillent sous l'influence du gouvernement. Du fait surtout qu'elles ne disposent de la force de l'autorité judiciaire que par l'intermédiaire du respect par les officiers de haut rang considérés comme des impunis, elles paraitraient trop précaires pour confirmer leur validité.

Les poursuites attendues concerneront également les troupes armées étrangères du Rwanda, du Burundi et de l'Ouganda. Elles ont commis de multiples atrocités et des perversités innommables, sous toutes les formes de violence sexuelle contre les femmes et les filles Congolaises. Ils doivent être poursuivis sans distinction, même dans leurs propres pays, car leurs infractions sont et demeurent impardonnables.

Les victimes des crimes les plus graves d'intérêt international méritent de voir la justice effectuée à travers la création d'un tribunal pénal spécial en cours. Il s'agit certainement d'un pas très important dans la bonne direction. L'initiative répond ainsi à l'obligation de la RDC en vertu du droit international et de ses devoirs envers les victimes. Ce Tribunal contribuerait également aux efforts internationaux entrepris pour assurer la paix et la stabilité dans la région des Grands Lacs.[280]

La Cour pénale spéciale n'aura pas en charge les accusations liées aux aspects politiques ou militaires des conflits. Il travaillera sous la supervision de la communauté internationale et doit être établi dans un pays différent afin d'éviter l'influence du gouvernement. Il traitera directement avec les auteurs individuellement après avoir entendu les victimes et après des sérieuses enquêtes et investigations approfondies. Il peut aider à rétablir les Droits de l'Homme, l'autonomie sexuelle et la dignité qui a été violée par la violence.

Une telle Cour peut apporter une expertise internationale et une expérience dans les investigations en vue des poursuites de ces crimes. Il servira pour apporter l'espoir aux victimes qui attendent que la justice soit faite. Il offrira des perspectives intéressantes pour préparer ainsi la voie vers une paix durable en RDC.[281]

4.7. L'exemple du Rwanda

Le génocide de 1994 au Rwanda a entraîné des violations des Droits de l'Homme à l'encontre des femmes. Les milices hutues et l'armée Rwandaise utilisaient régulièrement le viol et d'autres violences sexuelles comme armes dans leur campagne génocidaire contre la communauté Tutsie.[282]

Le génocide enfreint la « Déclaration Universelle des Droits de l'Homme » (DUDH). Il ne s'agit pas seulement

---

[280] La PGA soutient la création d'un tribunal pénal spécial en RCA. Disponible à http://www.pgaction.org/news/car/html, consulté 24-02-2015.

[281] Voir 33.

[282] *Génocide au Rwanda, violations des Droits de l'Homme contre les femmes*. Disponible à http://www.hrw.org/news/1996/09/24, accessible au 03-2018.

du génocide Rwandais, mais chaque génocide à travers le monde contrevient à l'« esprit des lois » édictées et soutenues par l'UDHR.

Le Conseil de Sécurité de l'ONU[283] a créé le Tribunal Pénal International pour le Rwanda (TPIR), afin de « poursuivre les personnes responsables du génocide et d'autres violations graves du DIH commises sur le territoire du Rwanda et des États voisins, entre le 1er Janvier et le 31 Décembre 1994 ».

Le tribunal était localisé à Arusha en Tanzanie, et ses bureaux se trouvaient à Kigali au Rwanda. Sa Chambre d'Appel était basée à La Haye au Netherland des Pays Bas. Le Tribunal a inculpé 93 personnes :

- 62 ont été condamné,
- 14 acquittés,
- et 10 référées aux juridictions nationales pour leurs procès,
- 3 sont devenus fugitifs,
- 2 sont morts avant le jugement
- et dans le cas de 2 personnes, l'accusation a été retirée avant le procès.[284]

Établi au 8 novembre 1994 et dissous le 31 Décembre 2015, le tribunal avait compétence sur le génocide. Il était habilité à juger les crimes contre l'humanité et les crimes de guerre qui sont définis comme des violations de commun article 3 et le Protocole Additionnel II des Conventions de Genève.[285]

Le 9 Janvier 1997, le TPIR avait tenu son premier procès. L'un des cas les plus marquants du droit

---

[283] Réf. à http://www.unmict.org/itcr-remembers/docs/res955-1994_en.PDF, récupéré 2017.

[284] ONU, *Mécanisme pour les tribunaux pénaux internationaux*. Site Web hérité du TPIR. Depuis la fermeture du TPIR le 31 Décembre 2015, le Mécanisme maintient ce site Web dans le cadre de sa mission de préserver et de promouvoir l'héritage. Site internet http://www.unmict.org.

[285] TPIR, disponible sur http://www.unictr.org, consulté 02-2016.

international, était celui « *du Procureur contre Jean Paul Akayesu* ». J.-P. Akayesu avait été Maire de Taba, une ville où des milliers de Tutsis ont été systématiquement violés, torturés et assassinés. Au début de son procès, le « Numéro TPIR-96-4-T, Akayesu » a fait face à 12 chefs d'accusation.[286]

Le TPIR a déclaré Akayesu coupable de neuf chefs d'accusation de génocide, d'incitation directe et publique à commettre un génocide et des crimes contre l'humanité pour extermination. La condamnation d'Akayesu a marqué « le premier cas dans lequel un tribunal international a été appelé à interpréter la définition du génocide ».[287]

Le Procureur avait inculpé Akayesu de :

– génocide (article 2(3)(a) du Statut du Tribunal ;
– complicité de génocide (article 2(3)(e) ;
– crimes contre l'humanité (extermination) (article 3(b)) ;
– incitation à commettre un génocide (article 2(3)(c)) ;
– meurtre (article 4(a)) ;
– et violations de l'article 3 commun aux Conventions de Genève ;
– torture (article 3(f)) et traitement cruel (article 4(a)) ;
– viol (article 3(g)) ; autres actes inhumains (article 3(i)i)) ;
– violations de l'article 3 commun aux Conventions de Genève et de l'article 4(2)(e) du Protocole Additionnel 2, telle qu'elle est incorporée par l'article 4(e) : outrage à la dignité personnelle et le viol, le traitement dégradant et humiliant et l'attentat à la pudeur.[288]

En plus d'interpréter la définition du génocide, le TPIR avait également déclaré que le crime de viol avait souligné que l'agression sexuelle constitue « un génocide de la même manière que tout autre acte tant qu'il a été commis

[286] TPIR, Fiche d'information no 1 : Le Tribunal en un coup d'œil.
[287] Scharf Michael P, *Statut du TPIR*. PDF. Article disponible à http://www.unictr.org, Récupéré 2016.
[288] TPIR, Chambre 1, Procureur (Louise Arbour) contre J.-P. Akayesu, jugement PDF, Décision 2-9-1998.

avec l'intention spécifique de détruire, en tout ou en partie, un groupe particulier, ciblé en tant que tel ».[289]

Le TPIR propose un bon exemple et offre un modèle pour le cas de la création et de l'établissement de la Cour pénale spéciale en RDC. L'application du Statut a permis au Tribunal de poursuivre tous les auteurs, aussi bien que les soldats de haut rang. Son objectif avoué consistait à éliminer l'impunité et à finir avec les violations des droits sexuels, afin que la sauvegarde des civils devienne effective et efficace.

En dépit de la volonté politique apparente de la RDC pour poursuivre certaines personnes et malgré l'engagement Rwandais à coopérer conformément à l'accord, le Rwanda ne pratique jamais la coopération judiciaire nécessaire pour promouvoir la responsabilité pénale des auteurs de ces crimes. [290]

Quatre demandes d'extradition contre Zimurinda, Ngaruye, Badege et Runigaet ont été transmises au gouvernement Rwandais en juillet 2013, sans succès notable. L'Auditorat militaire Congolais a promulgué en Janvier 2014, 13 mandats pour arrêter les membres plus âgés du M23. Mais aucun ne l'avait été effectivement.

---

[289] Voir 47.

[290] La coopération judiciaire s'inscrit dans le cadre d'un accord intégral d'Addis-Abeba, qui est préventif pour la région des États de Grands Lacs d'agir et de faciliter la coopération de la justice. Par cette coopération judiciaire dans la région, ils ne peuvent pas accueillir ou fournir une protection de quelque nature que ce soit aux personnes accusées de crimes de guerre et de crimes contre l'humanité, d'actes de génocide ou de crimes d'agression ou aux personnes sous les sanctions de l'ONU. Voir le rapport de SG sur l'application de l'accord de paix, de sécurité et de coopération pour la région des Grands Lacs, Doc de l'ONU. S/2014.154 (5-3-2014).

4.8. L'exemple de la République Centrafricaine

En sa qualité de juriste et Officier militaire, le colonel Toussaint Muntazini Mukimapa, Procureur militaire en RDC, avait été nommé par le Président de la République Centre Africaine (RCA) pour être le Procureur de la Cour Pénale Spéciale du pays (CPS).[291]

La Cour Pénale Spéciale est une juridiction spéciale dans le système judiciaire de la République Centrafricaine, érigé par la loi N° 15.003[292]. Elle avait pour mission d'enquêter et de traduire en justice tout individu jugé passible de jugement pour graves violations des Droits de l'Homme et des violations du Droit International Humanitaire, commises depuis le 1er janvier 2003. L'impunité qui afflige la RCA depuis plusieurs décennies continue de déchainer des frustrations.

Elle renforce la prévisibilité des violations plus spécifiques des Droits de l'Homme et du Droit International Humanitaire. Ainsi, des procès équitables et équilibrés seraient non seulement une obligation pour les victimes qui ont souffert des crimes atroces, mais ils enverraient également un signal fort que les crimes ne seront plus tolérés.[293]

La comparaison de ces juridictions spéciales montre que le TPIR a été créé par le Conseil de Sécurité des Nations Unies avec une capacité internationale d'agir dans tous les pays voisins du Rwanda ainsi qu'à l'intérieur de celui-ci, tandis que la Cour Pénale Spéciale (CPS) a été créée et établie par le Président Centrafricain avec une compétence

---

[291] *Le CPS a officiellement créé*. Disponible à http://www.fidh.org/en/impacts/ CAR/SCC, consulté en juin 2015.

[292] La *RCA, Loi organique sur la création, l'organisation et le fonctionnement de la CPS*. Disponible à http://www.fidh.org/img PDF. Accès au 03-06-2015.

[293] *Qu'est-ce que le CPS ?* Disponible à https://www.fidh.org/en/region/ Africa/car, accessible le 30/08/2017.

nationale d'agir trop restreinte uniquement en RCA, sans aucune autorisation de poursuivre tous les fugitifs à l'extérieur du pays.

Les troupes des Nations Unies s'efforcent de maintenir un semblant de sécurité, en dépit des actions nocives des milices éparpillées soutenus par les Seigneurs de guerre. Ici aussi, les pesanteurs des exploitations minières demeurent prépondérantes.

4.9. L'Aspect judiciaire de la question

L'aspect judiciaire de ce travail concerne la « justice transitionnelle » comme stratégie de mécanisme qui peut aider à promouvoir la justice en faveur des femmes. Les réponses de la justice transitionnelle aux violations sexuelles basées sur le genre pendant les conflits et les lois dictatoriales sont essentielles pour assurer la justice aux victimes. Elles favorisent la lutte contre la marginalisation des femmes, les inégalités ainsi que les violations sexuelles des droits humains fondées sur le genre. Elles préviennent les futures violations contre les femmes.[294]

Cette lacune s'aggrave lorsque les femmes sont également exclues du processus de décision. Les femmes doivent jouer un rôle central dans la conception et la mise en œuvre de mesures de justice transitionnelle, si l'on veut répondre adéquatement à leurs besoins. Cela est particulièrement vrai lorsqu'il s'agit de tenter de mettre en œuvre des politiques dans un contexte de violence sexuelle basée sur le genre.[295]

---

[294] *CPI, la justice transitionnelle peut-elle aider à promouvoir la justice pour les femmes ?* Centre international pour la justice transitionnelle. Disponible à http://www.icc-cpi.int. Accessible au 05-2017.
[295] Voir 41.

4.10. Conclusion

Entre 2005 et 2015, la situation du Congo-Kinshasa était catastrophique et désespérée dans tous les aspects de la vie et dans tous les cas de figures. En conséquence, le domaine de la violation des droits sexuels au cours de la période considérée se situait à un niveau élevé. Le pays avait été marqué par une augmentation inquiétante de toutes les formes de violences sexuelles envers la population civile. Celle-ci a souffert des effets de ces conflits. La généralisation de la violence sexuelle dans l'Est du Congo ne prendra pas fin tant que les auteurs d'actes de violence ne seront pas traduits en une justice réelle, réaliste et efficiente.

Les principales conséquences sont remarquables à l'endroit des femmes et des enfants, même dans le contexte de la famille. La violence à l'égard des femmes reste répandue et elle continue d'occasionner un impact négatif sur les enfants. Les hommes qui désirent montrer un attachement aux coutumes et aux cultures traditionnelles, éprouvent un malaise tragique avant de pardonner. Ils n'arrivent pas à accepter des épouses agressées sexuellement, en particulier celles violées en public ou devant les membres de leurs familles.

La création de la Cour pénale internationale permanente et surtout compétente contre les violations de la loi commise lors de conflits armés internes,[296] devrait marquer la fin des tribunaux de peines bricolés *ad hoc*. Les crimes qui détruisent l'humanité sont soumis à la compétence universelle, à la tolérance des violations envers « le commun article 3 », autant que les lois de la guerre impliquent la responsabilité internationale de la criminalité. Cette approbation doit également emporter avec elle la

---

[296] Voir le Statut de Rome de la CPI, Doc A/CONF de l'ONU. 183/9, 17 juillet 1998, Art 5-8.

complaisance envers des actes qui sont également soumis à des juridictions universelles.[297]

Il ne suffit plus d'instruire une condamnation vide de valeur juridique ou même les inutiles dénonciations des actes de violences sexuelles, lorsque la loi n'est pas appliquée. Ces atermoiements d'inactivité et des mesures déplorables sont caducs, parce que inopérants. Lorsque les violations des Droits de l'Homme sont profondes et systématiques, les défenseurs doivent élaborer des stratégies de changement politique qui relèvent des stricts Droits de l'Homme.[298]

La justice congolaise a essayé de soumettre à l'opinion quelques règles et actes contre les viols. Cependant, ces arrangements et combinaisons du hasard ne sont pas applicables à tout le monde. Ils relèvent des balbutiements incessants et ils amplifient les hérésies de circonstance. Ils contreviennent à la crédibilité ; ils participent à l'incompétence pour construire un système effectif de répression. Malgré la présence de la HCM et de la CPI qui travaillent autour des cas précis et leurs efforts pour mettre fin à la violence sexuelle et à l'impunité, l'Est de la RDC reste « la capitale mondiale du viol ».

---

[297] Voir 55, 235.

[298] James Nickel, *Donner un sens aux Droits de l'Homme*, 2[Nd] Édition. Publication Blackwell, Royaume-Uni 2007, 50.

CHAPITRE CINQUIÈME : LES RECOMMANDATIONS ET LA CONCLUSION

5.1 Introduction

En s'appuyant sur les analyses antérieures, ce dernier chapitre aborde la façon dont la lutte contre la violence sexuelle parait liée aux conflits en RDC. Il interroge également les voies et les moyens pour résoudre une équation oppressante : de quelle manière mener la bataille contre l'impunité. Le viol et la violence sexuelle sont les pires crimes contre l'humanité, mais ils ne sont pas une partie inévitable de la guerre. Il est profitable de neutraliser la violence sexuelle dans les conflits, en conjurant l'impunité.

La Constitution congolaise protège et promeut les Droits de l'Homme, les libertés fondamentales et les devoirs des citoyens. La grave situation des Droits de l'Homme ainsi que le contexte social fragile en RDC témoignent de l'exigence urgente pour les constitutionnaliser et les appliquer dans la réalité.[299]

5.2. Une perspective sur les Droits de l'Homme

Le « commun article 3 » (1)c), interdit les outrages à la dignité personnelle et les traitements dégradants entre les ennemis en guerre. Il peut être interprété en conjonction avec l'interdiction du traitement cruel ou pervers et de la torture prévue à l'article 3 (1)(a), puisque le traitement

---

299 Dunia P, Butedi F et Mavungu P., *Le Système juridique de la RDC : Aperçu et recherche* PDF. Article à http://www.nyulawglobal.org/globalex/drc. Consultée 02-2015.

dégradant est également mentionné expressément dans la disposition d'abolition de la torture.[300]

Le Haut-Commissaire aux Droits de l'Homme a produit un important rapport de 581 pages. Il articule des interférences adéquates pour dénoncer les violations des Droits de l'Homme qui auraient été commises en RDC entre Mars 1993 et Juin 2003. Il énumère 617 incidents violents dans le contexte de dizaines de milliers de personnes massacrées et de nombreuses autres violées et mutilées.[301]

Classée parmi les *dispositions* les plus instructives en matière des Droits de l'Homme comme norme du droit international habituel, la première prohibition moderne de la torture se trouve à l'article 5 de la « Déclaration Universelle des Droits de l'Homme » (DUDH). Il prévoit en l'occurrence : « Personne ne doit être soumis à la torture ou à des traitements ou des peines cruels, inhumains ou dégradants ».[302]

5.3. Le point de vue de l'ONU

La poursuite des criminels est devenue le cadre idéal dans lequel toutes les questions à poser autour des violences sexuelles sont liées aux conflits et sont traitées comme des infractions. Zainab Bangoura[303] a souligné qu'il ne se

---

[300] Lindsay Moir, *La loi sur les conflits armés internes*. Presses de l'Université de Cambridge. Londres Royaume-Uni 2003, 201.

[301] HCDH, *Rapports Mapping*. Disponible à http://www.ohchr.org/documents/countries/drc_mapping_reportPDF.

[302] Alice Edwards, V*iolence contre les femmes sous DIDH*. Cambridge Université, États-Unis 2011, 199.

[303] Zainab Bangura était le Représentant Spécial du SG de l'ONU sur la violence sexuelle dans les conflits en 2013.

profile aucun moyen de neutraliser la violence sexuelle, à moins de marquer un terme définitif à l'impunité.[304]

Au cours du Conseil de Sécurité de l'ONU[305], Mme Wallström plaidait en ces termes : « Les femmes n'ont pas des droits, si ceux qui violent leurs droits sont impunis ». Mettre fin à l'impunité pour les cas de la violence sexuelle est un élément essentiel du mandat le plus large possible du Conseil. Il doit guider les situations « du pouvoir au droit : de la règle de la guerre à la règle de la loi ; des balles aux bulletins de vote ».

Si les femmes continuent de subir des violences sexuelles, ce n'est pas parce que la loi est inadéquate pour les protéger, mais parce qu'elle est insuffisamment observée. Les femmes ne sont toujours pas en sécurité quand la nuit tombe, sous leurs propres toits et dans leurs propres lits. Notre objectif doit être de faire respecter le droit international, afin que les femmes puissent dormir sous le couvert de la justice. Mettre fin à l'impunité est l'une des priorités ».

Elle prodiguait aussi quelques recommandations : « J'exhorte le Gouvernement de la RDC à assurer la pleine mise en œuvre du plan d'action des forces armées contre la violence sexuelle. Traduire systématiquement les auteurs en justice ». L'ONU continue de soutenir la mise en œuvre de la stratégie nationale sur la violence sexuelle et celle basée sur le genre. La RDC a développé une participation conjointe entre Gouvernement-ONU, ainsi que des actions

---

[304] Bringedal Houge et Kjersti L, *Mettre fin à l'impunité ! Réduire la violence sexuelle liée aux conflits à un problème de droit.* Article à http://onlinelibrary.wiley.com, Consultée 9-11-2017.
[305] Margot Wallström, *La lutte contre la violence sexuelle doit inclure la prévention, la fin de l'impunité - Fonctionnaire de l'ONU.* Adressé au SC le 27 avril 2010. Article sur http://www.un.org/apps/news.

pour la lutte contre la violence sexuelle. Mais les efforts pour la mise en œuvre doivent être renforcés.[306]

Le représentant du Costa Rica à l'ONU s'est dit préoccupé par le fait que l'ONU avait échoué pour aborder les causes de la violence et pour éliminer l'impunité. Dans ce cadre, il a procédé à l'établissement des bases nationales solides envers la garantie de sécurité envers les femmes et les filles, ainsi que des populations vulnérables. Il a dit que « nous devons nous assurer que tous les pays sanctionnent tous les actes de violences sexuelles ».[307]

Parmi les diverses résolutions formulées, le Conseil de Sécurité de l'ONU a en outre réclamé que la MONUC accorde une attention incessante à la violence sexuelle. Il fournit des informations avantageuses sur le terrain, qui paraissent essentielles aux efforts de lutte contre l'impunité. Il préserve ainsi des vies en permettant aux travailleurs humanitaires d'opérer dans des zones dangereuses. Malgré des mandats forts et de nombreuses résolutions, la MONUC a souvent été critiquée pour ne pas avoir suffisamment protégé les civils.[308]

5.4 Recommandations

Ce travail appelle le gouvernement, les donateurs et d'autres partenaires de la RDC à soutenir les efforts énumérés au sein des instances publiques pour s'assurer que les personnes responsables des crimes internationaux décrits ci-dessus, de même que les crimes de violence

---

[306] ONU, *Violence sexuelle en conflit. Comment passer de l'impunité à la dissuasion.*
Disponible à http://www.un.org/sexualviolenceinconflict/countries/drc, consulté 23-03-2015.
[307] Voir 10.
[308] ONU, Institut international de la paix, *Renouveler le mandat de la MONUSCO.* États-Unis, 05-2011, 4.

sexuelle, soient traduites en justice réelle dans le cadre de procès crédibles devant la Cour Pénale Spéciale.

Le gouvernement de la RDC doit élever la conscience et renforcer la stratégie nationale de lutte contre la violence sexuelle, en augmentant considérablement le budget de l'Agence nationale pour l'élimination de la violence contre les femmes et les filles, au sein du Ministère du genre. Ce qui permettra aussi de promouvoir l'égalité des sexes.

Le gouvernement doit accommoder une campagne de sensibilisation nationale plausible. Il se fixera comme règle et discipline d'augmenter le budget alloué au système de justice, en particulier en faveur des tribunaux ayant compétence sur les crimes de violence sexuelle et les crimes en vertu du droit international. Il garantira également la mise en œuvre effective des lois de 2006 sur la violence sexuelle et l'accès à la justice pour les victimes des crimes. Il inscrira dans ses projets l'obligation morale d'adopter un programme de sécurité pour les victimes et leurs témoins.

Le gouvernement s'impose aussi l'obligation d'aménager une formation suffisante aux Procureurs et Juges assermentés sur la poursuite des crimes des violences sexuelles sous la loi pénale internationale, la loi internationale des Droits de l'Homme et le droit international humanitaire. Il s'efforcera d'amender la loi nationale pour que les violations des droits humains et des crimes sous le droit international soient trainés devant les tribunaux et les Cours appropriées.[309]

La RDC devrait s'assurer que les nouvelles propositions législatives soient présentées au Parlement concernant la compétence des tribunaux civils et militaires.

---

[309] « Fédération Internationale des Droits de l'Homme » (FIDH) : *« Les victimes de violences sexuelles en RDC obtiennent rarement justice et ne reçoivent jamais de réparation. Des changements majeurs sont nécessaires pour lutter contre l'impunité »*. Paris-France, 11-2013, 70.

Il inscrira en premier lieu des décrets relatifs aux crimes internationaux, avant d'en harmoniser la discipline d'exécution. L'engagement permet de mettre l'accent sur les caractéristiques des crimes graves, la structure et l'organisation des auteurs et la disponibilité des commandants.[310]

Le Secrétaire Général de l'ONU invite le Gouvernement de la RDC à poursuivre ses efforts pour lutter contre la violence sexuelle, en dépit des embûches rencontrées. Il devra mettre les auteurs en justice, indépendamment de leurs rangs ou de leurs affiliations. Il veillera à ce que les victimes et les témoins soient protégés et que des réparations prescrites soient payées convenablement.[311]

La contribution de ce travail consiste à appeler la communauté internationale et la conscience des autorités congolaises. Il cherche à leur montrer la nécessité d'une Cour Pénale Spéciale, pour qu'elle réussisse à rétablir la dignité et la justice. Il exhorte surtout à assurer le respect de la loi internationale sur les Droits de l'Homme que la RDC a ratifiée. La réalité du taux de violence sexuelle montre que la RDC a besoin d'une Cour pénale spéciale comme solution globale pour supprimer l'impunité des auteurs des violations des droits sexuels. Il est nécessaire de fournir et de promouvoir une telle juridiction.

Les gouvernements des pays voisins de la RDC et de la communauté régionale des Grands Lacs ont l'impératif devoir d'assurer la fin des combats par le rétablissement de

---

[310] Le Centre international pour la justice transitionnelle, *Le paysage de la responsabilité dans l'Est de la RDC, Analyse de la réponse législative et judiciaire nationale aux crimes internationaux (2009-2014)*, RDC, 07-2015, 5.

[311] ONU, *Rapport du Secrétaire Général sur les violences sexuelles liées aux conflits 15 avril 2017, s/2017/249.* Disponible à http://www.un.org, PDF 2017.

la paix et de la sécurité. Des objectifs primordiaux et prioritaires qu'il convient de privilégier lors des conflits armés. Ils doivent agir conformément aux instruments juridiques pertinents afin d'interrompre le cycle de l'impunité et de la violence sexuelle dans leur région. Ils sont conviés à apporter toute leur coopération judicieuse au succès de la Cour pénale spéciale, en dépêchant leurs soldats violeurs à ces instances, s'il est profitable qu'ils comparaissent devant les juges d'une telle Cour Spéciale.

CONCLUSION GÉNÉRALE

Le viol et d'autres formes de violences sexuelles ont maintenant été expressément interdits dans les deux sortes de conflits armés, internationaux et internes, par le Droit international conventionnel. Cette interdiction a en outre été considérée comme ayant « évolué dans le droit international coutumier ». Il ne fait donc aucun doute que le viol est une violation des Droits de l'Homme ainsi que de LDH.[312]

Tant d'observations et de résolutions percutantes ont été prises par le Conseil de Sécurité de l'ONU sans résultats concrets. Ce Conseil a d'ailleurs statué à maintes repises sur des mesures de lutte contre l'impunité. Dans la résolution 1888, il exhorte toutes les parties au conflit à enquêter sur les informations faisant état des violences sexuelles commises par des militaires et à traduire leurs auteurs en justice. La résolution 1960 similaire à la résolution 1820 condamne à la fois l'utilisation du viol et d'autres formes de violences sexuelles en temps de guerre.[313]

Les efforts de l'ONU pour interrompre le cycle de la violence sexuelle, pour stopper l'impunité et traduire les auteurs devant la justice n'ont pas réussi jusqu'à présent. Le système de la justice congolaise reste faible et incapable de punir tous les auteurs de crimes de guerre et de crimes contre l'humanité.[314] Lorsque les violations des Droits de l'Homme sont profondes et systématiques, les défenseurs des droits humains doivent élaborer des stratégies de

---

[312] Lindsay Moir, *La loi sur les conflits armés internes*. Université de Cambridge. Londres Royaume-Uni 2003, 217.

[313] Voir 5.

[314] Amnesty International, *Le temps pour la Justice est maintenant.* Selon le Statut de Rome de la CPI, articles 7 et 8 août 2011.

changement politique qui ne relèvent pas de la seule portée normale des Droits de l'Homme.[315]

En ce qui concerne les droits des victimes des violences sexuelles, l'Union Africaine présente une résolution sur le principe du remède ainsi que de la réparation en faveur des femmes et des filles qui en sont des victimes désignées. [316] Les idées maitresses dans cette résolution sont que l'UA condamne et criminalise toutes les formes de violences sexuelles. L'Union Africaine préconise que la police et les forces militaires autant que tous les membres de la magistrature, reçoivent une formation adéquate sur les préventions du Droit International Humanitaire. La même recommandation implique les droits des femmes et les droits des enfants.

La violence sexuelle en RDC exige une réponse pressante et immédiate. Jusqu'à ce que la crise soit freinée, des milliers de femmes et de filles continuent de se sentir constamment en danger. Bien qu'ils n'aient jamais promulgué une seule mesure pour endiguer la violence, un effort nuancé est requis pour alléger ou atténuer les méfaits de la criminalité ambiante. La faiblesse de juger de la loi est sans aucun doute un facteur important du problème.[317]

Selon le gouvernement de la RDC, la proposition pour établir des chambres mixtes spécialisées ne s'impose pas à la manière d'une décision imminente. Elle appelle uniquement une dimension catégorique arrêtée. Elle demeure l'une des nombreuses propositions législatives

---

[315] James Nickel W., *Donner un sens aux Droits de l'Homme*, 2nd Édition. Publication Blackwell, Royaume-Uni 2007, 50.

[316] Heynes C. et Killander M., *Compendium de la documentation clé sur les Droits de l'Homme de l'UA*, 4e Édition. Président de la Faculté de Droit de l'Université de Pretoria (PULP), Pretoria, SA 2010, 142.

[317] Ryan S. Lincoln, *État de droit pour qui ? Renforcer l'État de droit comme solution à la violence sexuelle en RDC*. Article dans Berkeley Journal de Genre, Loi et Justice, États-Unis 2011, 30.

imprescriptibles.[318] En fait, la décision du gouvernement de la RDC ne doit pas être appuyée en cette matière par des prétentions démagogiques, parce qu'il n'a pas toujours respecté ses engagements antérieurs.

En conséquence, ce travail soutient la création d'une Cour Pénale Spéciale par le Conseil de Sécurité des Nations Unies pour arrêter l'impunité, laquelle est réconfortée par les autorités de la RDC qui font partie de quelque groupes armés. Le soutien de la communauté internationale envers cette Cour Spéciale est attendu pour redonner la dignité et le respect aux femmes et filles de la République Démocratique du Congo.

---

[318] *« Responsabilité des atrocités commises en RDC, soutien des propositions du gouvernement visant à établir des chambres mixtes spécialisées et d'autres réformes judiciaires connexes »*. Disponible à http://www.hrw.org, consulté 1-4-2014.

RÉFERENCES BIBLIOGRAPHIQUES

I. Les Livres

1. Christof Heyns et Magnus Killander, *Compendium des principaux documents des droits humains de l'Union Africaine*, 4e Édition. Université de Pretoria, la Presse de Droit, SA 2010.
2. Jessica Almqvist, *Droits de l'Homme, culture et règles de droit*. Vol. 6 dans la série Droit International Humanitaire en perspective, Oxford et Portland, Oregon USA 2005.
3. Mélanie Jacques, *Conflit armé et déplacement : la protection des réfugiés et des personnes déplacées dans le cadre du DIH*. Cambridge étude en droit international et comparatif, Université de Cambridge du Royaume-Uni 2012.
4. Hodgkin R et Newel P., *Manuel de la mise en œuvre de la Convention sur le Droit de L'Enfant,* Edition entière et révisée, UNICEF, Place de l'arbre des NU, NY 10017, USA 2002.
5. Judith Karp, *Concept sous-jacent à la mise en œuvre du CDE*, Loyola journal des lois de la pauvreté, Printemps 113, États-Unis 2011.
6. Armstrong D., Farrel T. et Helene L., *Le Droit International et les Relations Internationales*, Université de Cambridge, Londres 2012.
7. Alice Edwards, *La Violence contre les femmes sous la Loi Internationale sur les Droits de l'Homme*, Université de Cambridge, USA 2011.
8. Rebecca MM Wallace, *Droit international*. Quatrième édition, Thomson Sweet et Maxwell, Londres, Royaume-Uni 2002.
9. Rochelle D. Jackson, *La guerre pour les droits de l'enfant : et la justice pour tous, Égaliser les droits des enfants*. Buffalo, la loi des Droits Humains revu, 1999.
10. Beigbeder Yves, *Juger les criminels de guerre, la politique de la justice internationale,* Palpagrave, États-Unis 1999.

11. Marco Sassoli, Bouvier A. et Quintin A., *Comment la loi protège-t-elle en temps de guerre ? Cas*, documents et *matériel d'enseignement sur la pratique contemporaine dans le DIH*. Vol II, Troisième édition. CICR, Suisse 2011.
12. Musila Godfrey, *Entre rhétorique et action, la politique, les processus et la pratique des travaux de la CPI en RDC*. Monographie 164, Institut des Études Sécuritaires, Pretoria, SA 2009.
13. Christian De Vos, Kendall S. et Carsten Stahn, *Contester la justice, la politique et la pratique de la CPI*, Université de Cambridge, Londres Royaume-Uni 2015.
14. James Nickel W, *Donner le sens aux Droits Humains*, 2nd Edition. Blackwell publication, R-U 2007.
15. Lindsay Moir, *La loi du conflit interne*. Presse de l'Université de Cambridge. Londres Royaume-Uni 2003.
16. CICR, *Les Conventions* de *Genève* du *12 Août 1949*,19, 1202 Genève Suisse, Mai 2010.
17. CICR, *Les Protocoles Additionnels des Conventions de Genève du 12 Aout 1949*, 1202. Genève Switzer land, Mai 2010.

II. Documents de l'ONU et de l'UA

1. Le PIDCP a été adopté par l'AG de l'ONU par sa résolution 2200. A (XXI) du 16 Décembre 1966. Le CDH. Fiche d'information N° 15 (Rev.1) ONU, Genève 10, Suisse, Mai 2005.
2. CEDF, Recommandation générale du comité, no 19, 1992, par 6.
3. Droits de l'Homme, PIDCP, Fiche d'information No 15, États-Unis 2005.
4. *Violence sexuelle dans les conflits :P comment passer de l'impunité à la dissuasion ?* Réunions de haut niveau du 72e AG des NU, États-Unis, 19-28 Septembre 2017.
5. Conseil de Sécurité des Nations Unies, Lettre datée du 22 Janvier 2014 du Coordonnateur du Groupe d'experts sur la RDC adressée au Président du CS, No S 2014/42.
6. Conseil de Sécurité de l'ONU, rapport final du Groupe d'experts sur la RDC, S/2015/19, No 1466372 du 28-1-2015.

7. CICR, *Protection juridique des enfants en conflit armé.* Service consultatif sur le DIH, Suisse, Genève 10/2001.
8. AG des Nations Unies, *Rapport du Représentant Spécial du Secrétaire Général pour les enfants et les conflits armés.* No A/70/162, USA 20/07/2015. DH Brief 13, automne 2001.
9. AG de l'ONU, *Rapport du Représentant Spéciale du SG* pour les enfants et les *conflits armés.* No A/70/162, USA 20/07/2015.
10. LA CPI, *La compétence dans la situation générale.* Transcriptions du 9 Avril 2017 - Session 201, Chambre de première instance VIICC-01/04-02/06-T-201.
11. CDH de l'ONU, *Rapport sur la violence sexuelle à l'égard des femmes en RDC du 28/02/2008.* Disponible à http://www2.ohchr.org/english/ bodies/hrcouncil/docs. Accessible le 11 mai 2009.
12. AG des NU Res. 48/143 (1993). Doc de l'ONU. A/RES/48/143. HCDH, *'Viol : Arme de guerre'*, disponible à : www.ohchr.org/en/ newsevents.
13. CDH, Droits Civils et Politiques : Le CDH, Fiche d'Information No. 15 (Rev. 1) USA 11-2005.
14. Lettre du 5 Mai 2017 de la Mission permanente d'Uruguay au SG des NU S / 2017/402.
15. ONU, Les *Enfants et la justice.* Accessible au 11/2015. Disponible à http://www.childrenandarmedconflict.un.org, PDF.
16. ONU, Recommandation Générale no 19 de la commission sur l'élimination de la discrimination à l'égard des femmes, par suite 7, 1992.
17. OCDH, Droits civils et politiques : Le comité international des droits humains. Fiche d'information no 15 (Rev.1).
18. OCDH et la MONUSCO, Rapport sur l'enquête des missions sur les viols de masse et autres violations des droits humains commis dans les villages du Nord-Kivu. Etats-Unis Juillet 2011.
19. Nouvelles de l'ONU, *RDC : L'ONU se félicite de la condamnation des soldats responsables de crimes contre l'humanité.* Disponible à http://www.un.org/apps/newsFr/, accessible le 20/03/2008.

20. Article 2 de la Déclaration sur la protection de toute personne contre la torture et d'autres traitements ou peines cruels, inhumains et dégradants. Adopté par l'AG des NU par sa résolution 3254 (XXX) du 9/12/1975.
21. Déclaration sur la protection contre la torture, PDF. Adoptée par l'AG des NU par sa résolution 3452 du 9 Décembre 1975.
22. UNICEF, La RDC, les *enfants pris dans la guerre*. Disponible à http://www.unicef.fr/mediastore/7/2140-4, accessible le 1er Mars 2008.
23. CADHP, Le Protocole à la Charte Africaine sur les Droits de l'Homme *et du peuple sur les droits des femmes en Afrique. A*dopté par la seconde session ordinaire de l'Assemblée de l'Union Africaine à Maputo le 11 Juillet 2003.
24. CADHP, *Lignes directrices sur la lutte contre la violence sexuelle et ses conséquences en Afrique. Adoptée lors de la 60e* session ordinaire *qui s'est tenue à Niamey, au Niger, du 8 au 22 mai 2017*
25. CADHP, *Déclaration sur les droits et le bien-être de l'enfant africain* (AHG/ST.4 Rev.1). Adoptée à Addis-Abeba, à l'OUA Doc. CAB/LEG/24.9/49 (1990).
26. CADHP, *Résolution sur les lignes directrices et mesures pour l'interdiction et la prévention de la torture, des traitements ou des peines cruels, inhumains et dégradants en Afrique. (Les Lignes directrices de Robben Island),* 2nde édition, 90, Avenue Kairaba, Banjul Gambie, Avril 2008.
27. CADHP, Protocole à la Charte Africaine sur les *Droits de l'Homme et des peuples sur les droits des femmes en Afrique.* Adopté par la seconde session ordinaire de l'Assemblée de l'Union à Maputo le 11 Juillet 2003.
28. ONU, Office du CDH des Nations Unies, Protocole *d'Istanbul, Manue*l sur *l'enquête efficace et une Documentation de la torture et d'autres traitements cruels, inhumains ou dégradants ou de punition*. Série de formations professionnelles No 8 / Rev.1. Genève 2004.
29. Organisation Mondiale de la Sante ; *DRC, la mise à jour de la sante*, Juillet 2001.
30. Amnistie Internationale, *« RDC, violence sexuelle : un besoin urgent de réponses adéquates »,* PDF. États-Unis 2015.

31. Conseil de Sécurité de l'ONU, *lettre datée du 22 Janvier 2014 du coordinateur du groupe d'experts sur la RDC, adressée au président de CS*, No S/2014/42. 26 Octobre 2014.
32. CDH, *droits civils et politiques : le CDH*, Fiche d'information No 15 (Rev.1) Bureau de la CDH, Genève 10, Suisse, GE.04-43671-Mai 2005.
33. ONU-MONUSCO, Viols collectifs en RDC : l'ONU appelle à la fin de l'impunité. Disponible à http://MONUSCO.unmissions.org, accessible le 10 Septembre 2010.
34. CDH, *Le Rapport Mapping*. Disponible à http://www.ohchr.org/ documents/countries/drc_mapping_report,pdf, consulté2010.
35. CDH des Nations Unies, Les Procédures spéciales du CDH des Nations Unies, *« Responsabilités de l'État pour réglementer et juger les activités d'entreprises dans le cadre des traités fondamentaux des Nations Unies relatifs aux Droits de l'Homme »*. Rapport No III, Palais des Nations CH-1211 Genève 10, Juin 2007.
36. Margot Wallström ; *La lutte contre la violence sexuelle doit inclure la prévention et la fin de l'impunité – L'officiel de l'ONU*. Adressé au Conseil de Sécurité le 27 Avril 2010. Article sur http://www.un.org/apps/news.
37. ONU ; *Violence sexuelle en conflit. Comment passer de l'impunité à la dissuasion*. Disponible à http://www.un.org/ sexualviolenceinconflict/drc, accessible le 23 Mars 2015.
38. ONU, Institut international pour la paix, *renouvellement du mandat de la MONUSCO : quel rôle au-delà des élections* ? États-Unis, Mai 2011.
39. TPIR, disponible à http://www.unmict.org/itcr-remembers, PDF, récupéré en 2017.
40. ONU, *Mécanisme pour les tribunaux pénaux internationaux*. Site Web hérité du TPIR. Disponible à http://www.unmict.org. Accessible en 2013.
41. TPIR, disponible à http://www.unictr.org, accessible en Février 2016.
42. TPIR, Fiche d'information no 1. Le Tribunal en un coup d'œil.

43. TPIR, Chambre 1, Procureur (Louise Arbour) contre JP Akayesu, jugement PDF, Décision du 2-9-1998.
44. Le rapport du SG sur l'application de l'accord-cadre pour la paix, la sécurité et la coopération pour la RDC et la région. Doc de l'ONU S/2014.154 (5-3-2014).
45. Le Statut de Rome de la CPI, Doc A/CONF de l'ONU. 183/9, du 17 Juillet 1998, Art 5-8.

III. Lois et décisions

1. La Constitution de la RDC, la révision du 18 Février 2006.
2. La loi no 24/2002 du 18 Novembre 2002 sur le Code pénal militaire.
3. Loi no 06/018 du 20 Juillet 2006 modifiant et complétant le décret du 30 Janvier 1940 sur le Code pénal Congolais.
4. Loi no 06/019 du 20 Juillet 2006 modifiant et complétant le décret du 6 Août 1959 établissant le Code congolais de procédure pénale
5. Loi organique no 06/020 du 10 Octobre 2006 sur le statut des magistrats.
6. Ordonnance-Loi N° 82/020 du 31 Mars 1982 sur le Code d'organisation et de compétence.
7. *Loi no 023 / 2002 du 18 Novembre 2002 sur le code judiciaire militaire*, Articles1-2. Disponible à http://www.droitcongolais. info/HCM, accessible en Nov. 2002.

TABLE DES MATIÈRES

Structures éditoriales du groupe L'Harmattan

L'Harmattan Italie
Via degli Artisti, 15
10124 Torino
harmattan.italia@gmail.com

L'Harmattan Hongrie
Kossuth l. u. 14-16.
1053 Budapest
harmattan@harmattan.hu

L'Harmattan Sénégal
10 VDN en face Mermoz
BP 45034 Dakar-Fann
senharmattan@gmail.com

L'Harmattan Cameroun
TSINGA/FECAFOOT
BP 11486 Yaoundé
inkoukam@gmail.com

L'Harmattan Burkina Faso
Achille Somé – tengnule@hotmail.fr

L'Harmattan Guinée
Almamya, rue KA 028 OKB Agency
BP 3470 Conakry
harmattanguinee@yahoo.fr

L'Harmattan RDC
185, avenue Nyangwe
Commune de Lingwala – Kinshasa
matangilamusadila@yahoo.fr

L'Harmattan Congo
67, boulevard Denis-Sassou-N'Guesso
BP 2874 Brazzaville
harmattan.congo@yahoo.fr

L'Harmattan Mali
Sirakoro-Meguetana V31
Bamako
syllaka@yahoo.fr

L'Harmattan Togo
Djidjole – Lomé
Maison Amela
face EPP BATOME
ddamela@aol.com

L'Harmattan Côte d'Ivoire
Résidence Karl – Cité des Arts
Abidjan-Cocody
03 BP 1588 Abidjan
espace_harmattan.ci@hotmail.fr

L'Harmattan Algérie
22, rue Moulay-Mohamed
31000 Oran
info2@harmattan-algerie.com

L'Harmattan Maroc
5, rue Ferrane-Kouicha, Talaâ-Elkbira
Chrableyine, Fès-Médine
30000 Fès
harmattan.maroc@gmail.com

Nos librairies en France

Librairie internationale
16, rue des Écoles – 75005 Paris
librairie.internationale@harmattan.fr
01 40 46 79 11
www.librairieharmattan.com

Librairie l'Espace Harmattan
21 bis, rue des Écoles – 75005 paris
librairie.espace@harmattan.fr
01 43 29 49 42

Lib. sciences humaines & histoire
21, rue des Écoles – 75005 paris
librairie.sh@harmattan.fr
01 46 34 13 71
www.librairieharmattansh.com

Lib. Méditerranée & Moyen-Orient
7, rue des Carmes – 75005 Paris
librairie.mediterranee@harmattan.fr
01 43 29 71 15

Librairie Le Lucernaire
53, rue Notre-Dame-des-Champs – 75006 Paris
librairie@lucernaire.fr
01 42 22 67 13

www.ingramcontent.com/pod-product-compliance
Lightning Source LLC
LaVergne TN
LVHW021225061026
849535LV00008B/2915